danzig & unfried

INFORMATIONS- UND MEDIENRECHT
Band 1

Manuel Reiter

E-Accessibility

Barrierefreiheit im Zugang zur elektronischen Verwaltung

danzig & unfried

www.danzigunfried.com
Printed in Austria and Germany
ISBN 978-3-902752-19-2

Inhaltsverzeichnis

Abkürzungsverzeichnis

AB	Ausschussbericht
ABl	Amtsblatt der Europäischen Union
Abs	Absatz
ABS-IT/SW	Allgemeine Vertragsbedingungen der Republik Österreich für IT-Leistungen Software
AEUV	Vertrag über die Arbeitsweise der Europäischen Union
AGG	Allgemeines Gleichbehandlungsgesetz
arg	argumentum
Art	Artikel
Bd	Band
BEinstG	Behinderteneinstellungsgesetz
BKA	Bundeskanzleramt
BITV	Barrierefreie-Informationstechnik-Verordnung
BGG	Behindertengelichstellungsgesetz
BMLFUW	Bundesministerium für Land- und Forstwirtschaft, Umwelt und Wasserwirtschaft
B-VG	Bundes-Verfassungsgesetz
BGBl	Bundesgesetzblatt
BGStG	Behindertengleichstellungsgesetz
BlgNR	Beilagen zu den stenographischen Protokollen des Nationalrates
bzw	beziehungsweise
CEN	European Committee for Standardization
CENELEC	European Committee for Electrotechnical Standardization
CRPD	Convention on the Rights of Persons with Disabilities
DSG 2000	Datenschutzgesetz 2000
E-AccessibilityRL	Vorschlag für eine Richtlinie des europäischen Parlaments und des Rates über den barrierefreien Zugang zu Websites öffentlicher Stellen
E-GovG	E-Government-Gesetz
EMRK	Europäische Menschenrechtskonvention

endg	endgültig
ETSI	European Telecommunications Standards Institute
EuGH	Europäischer Gerichtshof
EUV	Vertrag über die Europäische Union
FN	Fußnote
gem	gemäß
GG	Grundgesetz
GP	Gesetzgebungsperiode
GRC	Charta der Grundrechte der Europäischen Union
hM	herrschende(r) Meinung
Hrsg	Herausgeber
HTML	Hypertext Markup Language
IEC	International Electrotechnical Commission
ISO	International Organization for Standardization
KOM	Kommission
KMU	Kleine und mittlere Unternehmen
leg cit	legis citatae
lit	litera
mE	meines Erachtens
mwN	mit weiteren Nachweisen
oA	ohne Angabe
oa	oben angegebene/r
RAG	Ratsarbeitsgruppe
RdNr	Randnummer
RL	Richtlinie
Rz	Randziffer
S	Seite
Slg	Sammlung
sog	sogenannte/r/s
StbG	Staatsbürgerschaftsgesetz 1985
StGG	Staatsgrundgesetz
StV	Staatsvertrag
ua	unter anderem
uÄ	und Ähnliche/s
UN-BRK	Behindertenrechtskonvention der Vereinten Nationen
Vgl	vergleiche
WCAG	Web Content Accessibility Guidelines

VfGH	Verfassungsgerichtshof
VfSlg	Gesammelte Beschlüsse und Erkenntnisse des Verfassungsgerichtshofs
W3C	World Wide Web Consortium
WAI	Web Accessibility Initiative
Z	Ziffer

1. Einleitung

1.1 Ziel der Arbeit und Methodik

Die öffentliche Verwaltung will und muss mit der Zeit gehen. Die elektronisch abrufbaren Verwaltungsdienstleistungen werden stetig forciert, die Möglichkeiten einer Inanspruchnahme eines elektronischen Amtsweges ausgeweitet. Dabei darf man nicht übersehen, dass gerade die moderne Informations- und Kommunikationstechnologie die Möglichkeit bietet, Menschen ohne Unterschiede am öffentlichen Leben teilhaben zu lassen. Dafür müssen bestehende Barrieren abgebaut und künftige ausgeschlossen werden; ein Vorgang, der bis dato eher mit baulichen als informationsdarstellenden Vorgängen verknüpft wird.[1] Mit dem Vorschlag für eine Richtlinie des Europäischen Parlaments und des Rates über den barrierefreien Zugang zu Websites öffentlicher Stellen[2] ist ein wichtiger Grundstein zu einer modernen, offenen Verwaltung gelegt.

Diese Untersuchung beschäftigt sich dabei vor allem mit rechtlichen Rahmenbedingungen und will den Weg in eine barrierefreie, elektronisch zugängliche Verwaltung skizzieren. Dabei sollen die bestehenden Bedingungen dargestellt werden, und zwar logisch nachvollziehbar nach ihrer Einordnung im Stufenbau der Rechtsordnung. Anschließend sollen weitere, an sich nicht verbindliche Normen (Soft Law) sowie technische Standards zur barrierefreien Gestaltung von Webauftritten vorgestellt werden. Dann werden der Richtlinienvorschlag und seine Hintergründe sowie der Stand der Verhandlungen zur Beschlussfassung desselben erläutert. Abschließend wird eine inner-

---

1 *Kuhlen*, Informationsethik (2004) 155; *Mehrhoff*, Behindertenrechtskonvention in der sozialen Sicherheit – Pflicht oder Kür?, SozSi 2014, 82ff; *Schuster*, Barrierefreies Webdesign (2011) 15.

2 Es handelt sich dabei um das Dokument KOM (2012) 721 endg: »Vorschlag für eine Richtlinie des Europäischen Parlaments und des Rates über den barrierefreien Zugang zu Websites öffentlicher Stellen« – im weiteren Verlauf der Arbeit wird es der einfacheren Lesbarkeit halber als »Vorschlag für eine EAccessibilityRL« angeführt.

österreichische Umsetzung diskutiert. Vorhandene Literatur anderer wissenschaftlicher Disziplinen soll in einen rechtlichen Kontext eingebracht werden. Die Arbeit endet mit einer Gesamtzusammenfassung.

1.2 Einleitende Begriffsbestimmungen

Die Arbeit ist eingebettet in den großen Bereich des E-Government.[3] Dabei handelt es sich um »die Abwicklung geschäftlicher Prozesse im Zusammenhang mit Regieren und Verwalten (Government) mit Hilfe von Informations- und Kommunikationstechniken über elektronische Medien«.[4, 5] Konkret wird darunter unter anderem die Verwendung eines elektronischen Aktenbearbeitungssystems, die Möglichkeit der elektronischen Antragstellung oder ganz generell die Verfügbarkeit von Informationen der öffentlichen Verwaltung über das Internet (als bekanntes Beispiel sei hier www.help.gv.at angeführt) verstanden, weiters seien noch beispielhaft die österreichische Bürgerkarte, Amtssignaturen und die elektronische Zustellung genannt.[6]

Ziel ist stets eine Effizienzsteigerung (Stichwort: schnellere Abläufe, höhere Verfügbarkeit) einerseits und eine Senkung der Verwaltungskosten andererseits, kurz: »E-Government ist das Synonym für einen modernen Staat.«[7]

---

3 Im englischen Sprachgebrauch bestehen im Vergleich mit dem deutschen Unterschiede in der Groß- und Kleinschreibung. Schon im Oktober 2003 legte daher die IKT-Stabsstelle des Bundes fest, dass die Schreibweise »E-Government« der deutschen Rechtschreibung entspreche. Dieser Ansicht wird hinsichtlich dieses Begriffs und weiterer, aus dem englischen Sprachraum entlehnter Wörter gefolgt, eine Kleinschreibung erfolgt nur im Originalzitat oder -gebrauch.

4 *Lucke/Reinermann*, Speyerer Definition von Electronic Government (2000) 1.

5 Für feinere Untergliederungen vgl *Eberhard*, e-Verwaltungsverfahrensrecht, JRP 2002, 110 (110).

6 Vgl *Trauner*, E-Government, in Holzinger/Oberndorfer/Raschauer B. (Hrsg), Österreichische Verwaltungslehre (2006) 267 (271), sowie für einen quantitativen Überblick den Bericht der Statistik Austria: *Edelhofer/Schrittwieser*, Österreich online. Eine Übersicht über das E-Government-Angebot 2008 <digitales.oesterreich.gv.at/DocView.axd?CobId=33163> (22. 8. 2015).

7 *Barotanyi ua*, Behörden im Netz. Das österreichische E-Government ABC

Nun zum titelgebenden Begriff der E-Accessibility: »accessibility« bedeutet in diesem Zusammenhang »Erreichbarkeit« oder »Zugänglichkeit« im Sinne von Barrierefreiheit,[8] es handelt sich dabei um ein Kofferwort[9] aus den englischen Begriffen »access« (»Zugang«) und »ability« (»Fähigkeit, Eignung«);[10] das Präfix »e-« soll den Bezug zu elektronischen Diensten herstellen und steht für »electronic«.[11]

Das World Wide Web Consortium (siehe Kapitel 3.1 »Web Content Accessibility Guidelines«) definiert »Web Accessibility«, also den barrierefreien Zugang zu Webauftritten, zutreffend so: »Web accessibility means that people with disabilities can use the Web. More specifically, Web accessibility means that people with disabilities can perceive, understand, navigate, and interact with the Web, and that they can contribute to the Web. Web accessibility also benefits others, including older people with changing abilities due to aging«.[12]

1.3 Digital Divides und der Nutzen für alle

Der Begriff der Digital Divides ist für die vorliegende Arbeit überaus wichtig, um den Hintergrund und die Auswirkungen von Barrieren in digitalen Umgebungen zu verstehen. Er beschreibt die sogenannte »digitale Spaltung« (oft auch als »digitale Kluft« bezeichnet) und meint damit die unterschiedlichen Zugangsmöglichkeiten zur digitalen Welt, vor allem zum Internet.[13]

<digitales.oesterreich.gv.at/DocView.axd?CobId=43072> (22. 8. 2015).

8 Zur Begriffsdiskussion vgl *Hellbusch/Probiesch*, Barrierefreiheit verstehen und umsetzen (2011) 8.

9 Für den sprachwissenschaftlich interessierten Leser: *Oebel,* »Blendfreundlichkeit« im Deutschen, Englischen und Japanischen, Dialectologia et Geolinguistica 2005/13, 63ff mwN.

10 Vgl *Weist*, Accessibility – barrierefreies Internet (2004) 19.

11 Für einen einleitenden Überblick siehe auch *Bradbard/Peters,* Web accessibility theory and practice: An introduction for university faculty, Journal of Educators Online 2010/8 (2), 206ff; *Brophy/Craven,* Web accessibility, Library Trends 2007/4, 950ff.

12 <w3.org/WAI/intro/accessibility> (22. 8. 2015), dazu kritisch *Kerkmann,* Web accessibility, Informatik-Spektrum 2013/36 (5), 455 (455), die einen inklusionsorientierten Begriff fordert.

13 Vgl *Gleich,* Digital Divide: Führen Internet und Digitales Fernsehen zu einer neuen Wissenskluft?, Media Perspektiven 2004/5, 233ff.

Seine wissenschaftlichen Grundlagen finden sich in der Knowledge-Gap-Hypothese, die besagt, dass der Wissenszuwachs bei höherem sozioökonomischem Status relativ größer ist als bei niedrigem.[14] So werden laut dieser Hypothese Informationen aus Massenmedien von Menschen mit höherem sozioökonomischen Status schneller angenommen, sodass zwischen bildungsnaher und bildungsferner Schicht eine wachsende Wissenskluft (die Knowledge Gap) entsteht.[15]

Digital Divide meint nun den Unterschied im Zugang zu Informations- und Kommunikationstechnologie,[16] und zwar sowohl in der globalen Dimension Industrieländer – Entwicklungsländer als auch auf zwischenmenschlicher Ebene, etwa in den Ausprägungen arm – reich, jung – alt (sog. »Generation Gap«[17, 18]) oder eben als Exklusion beeinträchtigter Menschen von digitalen Inhalten sowie der Unmöglichkeit für ärmere Bevölkerungsschichten, Zugriff auf aktuelle Hardware zu haben.

---

14 Erstmals beschrieben in: *Tichenor/Donohue/Olien,* Mass media flow and differential growth in knowledge, Public Opinion Quarterly 1970/34(2), 159ff.

15 *Tichenor/Donohue/Olien*, Public Opinion Quarterly 1970/34(2), 159 (160).

16 Vgl *Pearce/Rice,* Digital Divides From Access to Activities: Comparing Mobile and Personal Computer Internet Users, J Commun 2013/4, 721 (722).

17 Vgl *Dudenhöffer/Meyen,* Digitale Spaltung im Zeitalter der Sättigung, Publizistik 2012/1, 7 (8), wonach die Forschung auch in den Bereichen »Gender Gap« und »Education Gap« Schwerpunkte setzt.

18 Vgl zu zunehmenden Nutzung des Internets durch ältere User und deren spezifische Motive *Bigham/Cavender,* Toward web accessibility for older users, Universal Access in the Information Society 2011/10, 357ff. Dass ältere Nutzer andere Anforderungen an Webauftritte stellen, wird von sowohl von Accessibility-Vorgaben (siehe Kapitel 3.1.2 »WCAG 2.0«) als auch von Seiten der Forschung wahrgenommen, vgl etwa *Blat/Sayago,* An ethnographical study of the accessibility barriers in the everyday interactions of older people with the web, Universal Access in the Information Society 2011/10, 359ff; *Brajnik/Harper/Yesilada,* Web accessibility guideline aggregation for older users and its validation, Universal Access in the Information Society 2011/10, 403 (405); *Elliman/Fernando/Lines/Money,* e-Government online forms: design guidelines for older adults in Europe, Universal Access in the Information Society 2011/10, 1ff; *Geven/Hoeller/Leitner/Subasi/Tscheligi,* Designing accessible experiences for older users: user requirement analysis for a railway ticketing portal, Universal Access in the Information Society 2011/10, 391ff.

In unserer hochtechnologischen Welt ist es aber für den Einzelnen notwendig, Zugang zu Informations- und Kommunikationstechnologie zu haben, um nicht Wissens- oder soziale Nachteile (und dadurch auch finanzielle!) erdulden zu müssen.[19]

Versteht man aber die Notwendigkeiten, Motive, die spezifischen Barrieren[20] und Erwartungen einer Nutzergruppe,[21] dann können diese Hindernisse in einem nächsten Schritt ausgeräumt werden.

Gerade der Verwendung von Informations- und Kommunikationstechnologie wohnt die Möglichkeit der Inklusion ohne Unterschiede immanent inne.[22] Auf den Punkt bringt es der nationale Aktionsplan Behinderung der österreichischen Bundesregierung: »Informations- und Kommunikationstechnologien bieten für Menschen mit Behinderungen gute Chancen zur umfassenden Partizipation, aber nur unter der Voraussetzung, dass sie in barrierefrei zugänglicher Form zur Verfügung stehen."[23]

Eine solche barrierefreie Form führt gleichzeitig dazu, dass ein weitreichender Nutzen für alle Nutzer geschaffen wird,[24] indem etwa die Navigierbarkeit auf Websites verbessert wird oder auch Nutzer

---

19 In der Fachliteratur wird sogar davon ausgegangen, dass bis zu einem Viertel aller Internetnutzer in der einen oder anderen Form mit Behinderungen zu kämpfen haben, vgl *Braun,* Websites für alle, c't – Magazin für Computertechnik 2010/3, 168ff.

20 Vgl zu diesem schwierigen Problem *Cryan,* Understanding Web Accessibility from the User's Perspective, Social Advocacy and Systems Change Journal 2012/3(1), 69ff; *Schoen,* Behinderte erleben das Web ohne Flackern und Blinken Rechtliche Grundlagen der Barrierefreiheit im Internet, Betriebswirtschaftliche Blätter 2005/10, 568ff.

21 Regelmäßig wird es einen Unterschied machen, ob Nutzer mit Sichtfeldeinschränkungen oder feinmotorischen Schwierigkeiten zurechtkommen müssen, Web-Accessibility soll allerdings für alle Nutzer eine Verbesserung bringen.

22 *Kuhlen*, Informationsethik (FN 1) 152.

23 *oA,* Nationaler Aktionsplan Behinderung 2012–2020 <sozialministerium.at/site/Soziales/Menschen_mit_Behinderungen/Nationaler_Aktionsplan_Behinderung_2012_2020/> (22. 8. 2015).

24 Der sich nachgewiesenermaßen bei allen Usern bemerkbar macht, vgl *Brajnik/Harper/Yesilada/Vigo,* Exploring perceptions of web accessibility: a survey approach, Behaviour & Information Technology 2015/35(2), 119ff.

mit veralteter Technik aktuelle Webinhalte aufrufen können.[25] Insoweit wird mit der Umsetzung von Barrierefreiheit sogar dem obersten Staatszweck des Gemeinwohls Vorschub geleistet.[26]

Auf den Nutzen für die öffentliche Verwaltung soll ebenfalls kurz eingegangen werden: Der Nutzen, den ein barrierefreier Onlinezugang zu Verwaltungsinformationen und -dienstleistungen bringt, ist kein eigenständiger, sondern verstärkt gewissermaßen jenen der schon vorhandenen elektronischen Verwaltung. Werden Online-Inhalte für mehr Bürger zugänglich, so werden diese von Anfang an in elektronische Verwaltungsabläufe eingebunden, was sich auch für diese Beteiligten in einer kürzeren Verfahrensdauer und einer durchgehenden Informationsverfügbarkeit (die für den Standard-User schon zur Normalität geworden sind) auswirkt.

1.4 Privatrecht und Öffentliches Recht

Regelungen, die den gleichen Zugang zu einem bestimmten Gut zum Inhalt haben, werden im Bereich des Privatrechts vor allem mit arbeitsrechtlichen Vorgaben assoziiert, so etwa bei der Einstellung Behinderter, Quotenregelungen, speziellen Kündigungsschutzregeln oder den damit verbundenen Schadenersatzpflichten.

Im Öffentlichen Recht dominieren Fragen im verfassungsrechtlichen Umfeld, wie der gleiche Zugang zu politischen Ämtern oder das gleiche Wahlrecht.

Bei der Zuordnung des barrierefreien Zugangs zu öffentlichen Webauftritten zu einem der beiden Bereiche wird es regelmäßig auf den konkreten Inhalt der betreffenden Webseite ankommen.[27]

Diese Unterscheidung mag an sich eher akademischer Natur sein, in ihren Konsequenzen hat sie jedoch praktische Bedeutung: zum einen

---

25 Vgl *Hellbusch/Probiesch*, Barrierefreiheit verstehen und umsetzen (FN 8) 25; *Kerkmann*, Informatik-Spektrum 2013/36(5), 455 (455); *Wöhrleitner*, Barrierefreies Internet (2011) 24ff.

26 Vgl dazu *Gamper*, Staat und Verfassung (2014) 155ff, wonach es auf einen angemessenen und billigen Ausgleich der Interessen aller ankommt.

27 Um diese Beurteilung vornehmen zu können, stehen die Subjekt-, die Interessen- und die Subordinationstheorie zur Verfügung, vgl dazu statt vieler *Riedler*, Zivilrecht I (2010) 9f.

für den Rechtsweg im Falle einer Zuwiderhandlung und deren Folgen (Adressatenkreis? Schadenersatzansprüche? Ordentliche Gerichtsbarkeit versus Behördenentscheidung?), zum anderen bezüglich der Frage, ob subjektive öffentliche Rechte bestehen, die im Administrativweg ohne Kostenrisiko für die Parteien durchsetzbar sind.

2. Ausgangslage

2.1 Österreich

2.1.1 Völkerrechtliche Verbindlichkeiten

2.1.1.1 Verträge

Auf der Ebene des zwischenstaatlichen Rechts ist vor allem das am 13. Dezember 2006 von der Generalversammlung der Vereinten Nationen beschlossene »Übereinkommen über die Rechte von Menschen mit Behinderungen« (Convention on the Rights of Persons with Disabilities — CRPD, deutsch: UN-Behindertenrechtskonvention, UN-BRK, Resolution 61/106 aus 2006[28]) zu nennen. Dieses bildet mit dem »Weltaktionsprogramm für Menschen mit Behinderungen« (Resolution 37/52 aus 1982) und den »Rahmenbestimmungen für die Herstellung der Chancengleichheit von Menschen mit Behinderungen« (Resolution 48/96 aus 1993) einen völkerrechtlichen Rahmen für die Gleichstellung Behinderter.

Die UN-Behindertenrechtskonvention trat am 3. Mai 2008 in Kraft, Österreich ist ihr, ebenso wie die EU,[29] beigetreten.

Sie besteht formal aus dem eigentlichen Übereinkommen und einem fakultativen Zusatzprotokoll, die einzeln oder gemeinsam unterzeichnet werden können.

2.1.1.2 Ziele und Definitionen der Behindertenrechtskonvention

Ziel der Behindertenrechtkonvention ist es, gemäß Art 1 UN-BRK »den vollen und gleichberechtigten Genuss aller Menschenrechte und Grundfreiheiten durch alle Menschen mit Behinderungen zu fördern,

---

28 In die österreichische Rechtsordnung integriert mit BGBl III 155/2008.

29 Vgl Art 43 und 44 UN-BRK und Art 12 des dazugehörigen Fakultativprotokolls, die einen Beitritt von »Organisationen der regionalen Integration« ermöglichen. Mittlerweile sind ihr über 100 Staaten beigetreten.

zu schützen und zu gewährleisten und die Achtung der ihnen innewohnenden Würde zu fördern. Zu den Menschen mit Behinderungen zählen Menschen, die langfristige körperliche, seelische, geistige oder Sinnesbeeinträchtigungen haben, welche sie in Wechselwirkung mit verschiedenen Barrieren an der vollen, wirksamen und gleichberechtigten Teilhabe an der Gesellschaft hindern können.« Diese Definition von Menschen mit Behinderung erscheint zunächst recht eng gefasst, auf den zweiten Blick erweist sie sich aber durch ihre offene Formulierung als durchaus tragfähig für zukünftige Entwicklungen.

Die UN-BRK sieht vor, dass Menschen mit Behinderung die volle Teilhabe in allen Lebensbereichen zu ermöglichen ist, dies mit dem Ziel einer unabhängigen Lebensführung.[30, 31]

2.1.1.3 Accessibility-Vorgaben

Ausdrücklich wird der gleichberechtigte Zugang zu Information und Kommunikation einschließlich Informations- und Kommunikationstechnologien und -systemen sowie zu anderen Diensten, die der Öffentlichkeit zur Verfügung stehen oder für sie bereitgestellt werden, angesprochen; um diesen Zugang zu gewährleisten, müssen die Vertragsstaaten geeignete Maßnahmen treffen. Diese beinhalten unter anderem die Feststellung und Beseitigung von Zugangshindernissen und -barrieren. In Art 9 Abs 2 UN-BRK sind außerdem Maßnahmen zur Förderung des Zugangs von Menschen mit Behinderungen zu den neuen Informations- und Kommunikationstechnologien und -systemen, einschließlich des Internets, vorgesehen.

Besonders bedeutsam ist in diesem Zusammenhang Art 9 Abs 2 lit h leg cit, der eine Förderung von Gestaltung, Entwicklung, Herstellung und Vertrieb zugänglicher Informations- und Kommunikationstechnologie schon in einem frühen Stadium vorsieht; damit soll der Kostenaufwand für eine barrierefreie Gestaltung minimiert werden.[32] Die

30 Art 9 Abs 1 UN-BRK.

31 Zur Rezeption der Vorgaben aus der UN-BRK in den USA beachte *Blanck*, The struggle for web eQuality by persons with cognitive disabilities, Behavioral sciences & the law 2014/1, 4ff.

32 Grundsätzlich kostet die Schaffung einer barrierefreien Website mehr als die einer solchen, die Accessibility-Anforderungen nicht erfüllt. Diese hö-

Behindertenrechtskonvention geht dabei von einem modernen »Accessible-by-Design«-Konzept aus, indem Accessibility nicht nachträglich implementiert, sondern in jedem Prozess von Anfang an mitberücksichtigt wird.[33]

Art 21 UN-BRK verpflichtet die Vertragsstaaten, Maßnahmen dahingehend zu treffen, dass Menschen mit Behinderungen ihr fundamentales Recht auf freie Meinungsäußerung (vgl Kapitel 2.1.3 »Österreichisches Verfassungsrecht«), einschließlich der Beschaffung, des Empfangs und der Weitergabe von Informationen und Gedankengut, wahrnehmen können.

Für den Behördenbereich legt Art 21 Abs 1 lit b leg cit ausdrücklich fest, dass die Vertragsstaaten die oa Rechte gewährleisten, indem sie »im Umgang mit Behörden die Verwendung von Gebärdensprachen, Brailleschrift, ergänzenden und alternativen Kommunikationsformen und allen sonstigen selbst gewählten zugänglichen Mitteln, Formen und Formaten der Kommunikation durch Menschen mit Behinderungen akzeptieren und erleichtern.

Bemerkenswert ist außerdem, dass private Rechtsträger, die, einschließlich durch das Internet, Dienste für die Allgemeinheit anbieten, dringend dazu auf[zu]fordern [sind], Informationen und Dienstleistungen in Formaten zur Verfügung zu stellen, die für Menschen mit Behinderungen zugänglich und nutzbar sind.«[34]

2.1.1.4 Umsetzungsverpflichtung

Unmittelbare subjektive Rechte eines Einzelnen gegenüber dem Staat oder einem Dritten können aus der UN-BRK nicht abgeleitet werden

---

here Anfangsinvestition kann oftmals durch höhere Besucherzahlen und geringere Serverbelastung wieder ausgeglichen werden, vgl *Erdey-Gruz*, Business impacts of web accessibility in the Austrian hotel sector (2008); *Hartjes/Strauss*, Analyzing effects of web accessibility - A framework to determine changes in website traffic and success, Lecture Notes in Computer Science 2010/6179(1), 449ff.

33 Zu den Möglichkeiten einer solchen Implementierung vgl *Baranauskas/Bonacin/Melo/Simoni*, Accessibility and interoperability in e-government systems: outlining an inclusive development process, Universal Access in the Information Society 2010/9, 17ff.

34 Art 21 Abs 1 lit c UN-BRK.

(non-self-executing). Die unterzeichnenden Staaten verpflichten sich bloß, die innerstaatlich zur Umsetzung notwendigen Maßnahmen zu treffen, die Mittel hiezu stehen ihnen frei.[35]

Die Umsetzung des Art 21 UN-BRK in innerstaatliches Recht erfolgte ohne zusätzliche legistische Maßnahmen, die Materialien verweisen auf § 1 Abs 3 EGovernmentGesetz, von dem der Gesetzgeber offenbar annimmt, dass er die sich aus der UN-BRK ergebenden Verpflichtungen hinsichtlich barrierefreier Web-Auftritte ausreichend regelt.[36]

Die E-AccessibilityRL nimmt auf die Umsetzungsnotwendigkeit ausdrücklich Bezug und will den Mitgliedstaaten der EU die Umsetzung in einem einheitlichen Rahmen erleichtern (vgl Kapitel 4.1 »Ziele und Beweggründe«).

2.1.2 Europäische Ebene

2.1.2.1 Vorgaben der Gesetzgebung

Mit der Gleichbehandlungsrahmenrichtlinie[37] wurde ein einheitlicher Rahmen zur Bekämpfung der Diskriminierung wegen Religion oder Weltanschauung, einer Behinderung, des Alters oder der sexuellen Ausrichtung in Beschäftigung und Beruf geschaffen.[38] Deren Hauptanwendungsfälle sind allerdings nicht auf den Zugang zu digitalen Inhalten zugeschnitten, nur mittelbar wird darauf Bezug genommen (indem die Diskriminierung etwa wegen einer Behinderung oder des Alters in ihren Anwendungsbereich fällt, dies aber auch nur, sofern ein Berufs- oder Beschäftigungshintergrund gegeben ist). Die Umsetzung der Gleichbehandlungsrahmenrichtlinie führte in Österreich unter anderem zur Änderung zahlreicher arbeitsrechtlicher Vorschriften, vor allem im öffentlichen Bereich.[39]

---

35 *Stadlmeier*, Völkerrecht I^{7} (2013) 6.

36 564 BlgNR XXIII. GP, 8.

37 Richtlinie 2000/78/EG des Rates vom 27. November 2000 zur Festlegung eines allgemeinen Rahmens für die Verwirklichung der Gleichbehandlung in Beschäftigung und Beruf.

38 Vgl Art 1 RL 2000/78/EG.

39 Nationale Durchführungsmaßnahmen sind mit der Celex-Nummer 72000L0078* gelistet, abrufbar unter <eur-lex.europa.eu> (22. 8. 2015).

Die Richtlinie 2010/13/EU über audiovisuelle Mediendienste[40] behandelt in Art 7 die Zugänglichmachung von Diensten für Hörgeschädigte und Sehbehinderte. Beispiele dafür wären etwa Untertitel oder die Verwendung von Gebärdensprache.[41] Das Verhältnis der Vorgaben aus dieser Richtlinie zu jenen der E-AccessibilityRL war zunächst derart unklar, dass der Entwurf zur E-AccessibilityRL um eine klarstellende Regelung ergänzt wurde.[42] Demnach ist es so, dass in Fällen, die unter den Anwendungsbereich beider genannten Richtlinien fallen, die Bestimmungen der Richtlinie 2010/13/EU zur Anwendung gelangen.

In diesem Zusammenhang wäre zu prüfen, ob sich eine Verpflichtung zur barrierefreien Ausgestaltung aus dem Recht auf eine gute Verwaltung (Art 41 der Charta der Grundrechte der Europäischen Union[43]) ableiten lässt. Dieses stellt zwar ein Jedermannsrecht dar,[44] fraglich ist allerdings, ob es in seiner Ausrichtung auch Accessibility-Vorgaben enthält. Dies ist mE nicht der Fall, da es nur Vorschriften hinsichtlich fundamentaler Verbürgungen des Staates trifft[45] (wie eine gerechte und unparteiische Behandlung von Anbringen oder die Begründungspflicht) und nicht auf einen derartig hohen Determinierungsgrad abzielt, dass daraus die Notwendigkeit einer bestimmten materiellen Gestaltung von Zugangsmöglichkeiten erwüchse. Auf dieses Grundrecht wird daher nicht weiter eingegangen.

Auf Bestimmungen aus der Europäischen Menschenrechtskonvention (EMRK), die in Österreich im Rang eines Verfassungsgesetzes[46]

---

40 Richtlinie 2010/13/EU des Europäischen Parlaments und des Rates vom 10. März 2010 zur Koordinierung bestimmter Rechts- und Verwaltungsvorschriften der Mitgliedstaaten über die Bereitstellung audiovisueller Mediendienste (Richtlinie über audiovisuelle Mediendienste).

41 Siehe auch Erwägungsgrund 46 der Richtlinie 2010/13/EU.

42 Siehe Kapitel 5.2 »Gang der Verhandlungen und Abänderungen des Textes«.

43 Charta der Grundrechte der Europäischen Union (GRC) vom 18. 12. 2000, C 364.

44 *Heselhaus*, § 57 Recht auf eine gute Verwaltung, in Heselhaus/Nowak (Hrsg), Handbuch der Europäischen Grundrechte (2006) 1553 Rz 124.

45 *Heselhaus*, in Heselhaus/Nowak (FN 44) 1553 Rz 2.

46 Anders als EU-Recht wirkt sie nicht von sich aus ins innerstaatliche Recht, sondern musste erst in den Rang eines Verfassungsgesetzes geho-

steht, wird im Rahmen des Kapitels 2.1.3.2 »Vorgaben aus der EMRK« eingegangen.

2.1.2.2 »Softe« Vorgaben[47]

Vielfach gibt es Vorgaben auf europäischer Ebene, die nicht im Rahmen eines ordentlichen Gesetzgebungsprozesses entstanden sind und demgemäß keine (un)mittelbare Durchsetzbarkeit genießen, trotzdem aber eine Richtung vorgeben und Ziele abstecken. Davon profitiert nicht nur der einzelne Bürger im Sinne einer Erhöhung der Transparenz, sondern auch die Verwaltung, die Trends schon frühzeitig erkennen kann.

Bereits im Jahr 2002 empfahl die EU den Mitgliedstaaten die Implementierung der von der World Accessibility Initiative (WAI) aufgestellten Guidelines (siehe Kapitel 3.1 »Web Content Accessibility Guidelines«) in den Webauftritt öffentlicher Stellen.[48]

Nach zwei Mitteilungen der Kommission in den Jahren 2005 und 2008[49] betreffend EAccessibility gelang erst 2010 mit der Schaffung der Digitalen Agenda 2020[50] der große Wurf, mit dem ein einheitlicher und vor allem umfassender Rahmen für Maßnahmen im Bereich der Informations- und Kommunikationstechnologie geschaffen wurde.

Während die beiden genannten Mitteilungen noch isoliert versuchten, Probleme anzugehen, ist die Digitale Agenda ein Konzept, dessen Ziel eines nachhaltigen wirtschaftlichen und gesellschaftlichen Nutzens unter anderem die Öffnung des Zugangs zu Inhalten der digitalen Welt vorsieht. Dabei werden zahlreiche Rechtsgebiete gestreift, vom Verbraucherschutz bis zum Netzausbau sollen an die 100 einzelne Maßnahmen zur Erreichung dieses Ziels beitragen. Außerdem war vorgesehen, dass spätestens ab 2015 »Internetseiten des öffentlichen Sek-

---

ben werden. Vgl dazu Öhlinger/Eberhard, Verfassungsrecht[10] (2014) 86 Rz 131 und 300 Rz 681.

47 Mit »soft« sind solche Handlungsformen gemeint, die dem Adressaten lediglich ein bestimmtes Verhalten nahelegen, an sich aber nicht verbindlich sind.

48 *Europäische Kommission*, eEurope 2002. An Information Society For All 18.

49 KOM (2005) 425 »eAccessibility« und KOM (2008) 804 »Towards an accessible information society«.

50 KOM (2010) 245 endg »Eine Digitale Agenda für Europa«.

tors (und solche, die grundlegende Dienstleistungen für Bürger bereitstellen) [...] vollkommen barrierefrei sind«[51] (dass dieses Ziel aufgrund der langwierigen Verhandlungen in zeitlicher Hinsicht nicht erreicht wurde, zeigt Kapitel 5 »Stand der Verhandlungen«). Action 64 der Digitalen Agenda hat ausdrücklich die Umsetzung eines barrierefreien Zuganges zu Webauftritten öffentlicher Stellen zum Ziel.[52] Auch die EU-Strategie zugunsten von Menschen mit Behinderungen 2010–2020 sieht Maßnahmen im Accessibility-Bereich vor, allerdings auf sehr allgemeiner Ebene.[53]

Der europäische Standard betreffend E-Accessibility wird im Kapitel 3.2 »Der europäische Standard – die europäische Norm« dargestellt.

2.1.3 Österreichisches Verfassungsrecht

2.1.3.1 Kompetenztatbestände

Den Kompetenztatbestand »E-Government« gibt es im Bundes-Verfassungsgesetz (B-VG) nicht. Allerdings findet sich (etwas unvermutet) in § 2 des Datenschutzgesetzes 2000 (DSG 2000) eine wichtige Kompetenzgrundlage, sie erklärt nämlich Angelegenheiten des Schutzes personenbezogener Daten im automationsunterstützten Datenverkehr zur Bundessache in der Gesetzgebung. In Zusammenschau mit den allgemeinen Kompetenztatbeständen[54] »Verfassungsgerichtsbarkeit« (Art

51 KOM (2010) 245 endg »Eine Digitale Agenda für Europa« 32.

52 Action 64: Ensure the accessibility of public sector websites. Näheres unter <ec.europa.eu/digital-agenda/en/pillar-vi-enhancing-digital-literacy-skills-and-inclusion/action-64-ensure-accessibility-public> (22. 8. 2015).

53 Vgl Mitteilung der Kommission an das Europäische Parlament, den Rat, den Europäischen Wirtschafts- und Sozialausschuss und den Ausschuss der Regionen. Europäische Strategie zugunsten von Menschen mit Behinderungen 2010–2020: Erneuertes Engagement für ein barrierefreies Europa, KOM (2010) 636 endg.

54 Eine solche hilfsweise Zuordnung ist in der österreichischen Rechtsordnung notwendig, da neue Materien nach der Versteinerungstheorie den schon bestehenden Kompetenzen intrasystematisch zugeordnet werden müssen (Versteinerungstheorie). Vgl dazu statt vieler Öhlinger/Eberhard, Verfassungsrecht (FN 46) 135 Rz 275ff.

10 Abs 1 Z 1 B-VG), »Zivilrechtswesen« und »Verwaltungsgerichtsbarkeit« (Art 10 Abs 1 Z 6 B-VG), »Meldewesen« (Art 10 Abs 1 Z 7 B-VG), »Post- und Fernmeldewesen« (Art 10 Abs 1 Z 9 B-VG), »Einrichtung der Bundesbehörden« (Art 10 Abs 1 Z 16 B-VG), sowie der Bedarfsgesetzgebungskompetenz für das Verwaltungsverfahren nach Art 11 Abs 2 BVG[55] ergibt sich eine hinreichende Grundlage für die Erlassung des E-Government-Gesetzes (siehe Kapitel 2.1.4.2 »E-Government-Gesetz«).[56]

Der für diese Arbeit ebenfalls wichtige Bereich des Behindertenwesens ist ebenso von keinem einzelnen Kompetenztatbestand dezidiert erfasst,[57] was zu einer Aufteilung der Kompetenz zwischen Bund und Ländern führt, je nachdem, zu welcher (zugeordneten) Grundmaterie man sie als Annex betrachtet. Eine einheitliche Regelung als Bundesmaterie (samt entsprechender Verfassungsbestimmung) wurde erst- und letztmalig im Jahr 1969 versucht.[58] Auch bei der Schaffung des Bundes-Behindertengleichstellungsgesetzes (BGStG) im Rahmen des Gleichstellungspaketes im Jahr 2005[59] war nur intendiert, Regelungen für jene Bereiche zu erlassen, die sich in Bundeskompetenz befinden.[60]

2.1.3.2 Gleichheit aller Staatsbürger

Immerhin wurde im Jahre 1997 auf verfassungsrechtlicher Ebene der Gleichheitssatz, der sich grundsätzlich ja nur an Staatsbürger richtet, um die letzten beiden Sätze erweitert.

---

55 Diese vereinzelten Bedarfskompetenzen gestatten etwas Beweglichkeit: *Trauner*, E-Government (2005) 82.

56 Siehe RV 252 BlgNR XXII. GP, 5; ebenso *Feik/Randl*, E-Government, in Jahnel/Mader/Staudegger (Hrsg), IT-Recht³ (2012) (400); *Trauner*, E-Government (FN 54); *Trauner*, in Holzinger/Oberndorfer/Raschauer B. (FN 6) 267 (295).

57 Vgl RV 836 BlgNR XXII. GP, 6.

58 *Buchinger*, Rechtliche Instrumente zur Durchsetzung von Barrierefreiheit: Erfahrungen aus Österreich, in Welti (Hrsg), Rechtliche Instrumente zur Durchsetzung von Barrierefreiheit (2013) 95.

59 Dabei kam es ua auch zu einer Novellierung des Behinderteneinstellungsgesetzes und der Einrichtung einer Behindertenanwaltschaft. Hintergrund war die Notwendigkeit der Umsetzung der Gleichbehandlungs-Rahmen-Richtlinie RL/2000/78/EG.

60 Vgl RV 836 BlgNR XXII. GP, 4.

Art 7 Abs 1 B-VG lautet nunmehr: »Alle Staatsbürger sind vor dem Gesetz gleich. Vorrechte der Geburt, des Geschlechtes, des Standes, der Klasse und des Bekenntnisses sind ausgeschlossen. Niemand darf wegen seiner Behinderung benachteiligt werden. Die Republik (Bund, Länder und Gemeinden) bekennt sich dazu, die Gleichbehandlung *von behinderten und nichtbehinderten Menschen in allen Bereichen des täglichen Lebens zu gewährleisten.*«

Laut Gesetzesmaterialien[61] »werde dadurch ein verfassungsgesetzlich gewährleistetes Recht geschaffen, das vor dem Verfassungsgerichtshof durchsetzbar sei; anders als der allgemeine Gleichheitssatz, der nur für Staatsbürger gelte, solle dieses Diskriminierungsverbot aber für jeden Menschen gelten. ... Die Bestimmung biete darüber hinaus einen Beurteilungsmaßstab für die Beurteilung der Verfassungsmäßigkeit von generellen Rechtsnormen, insbesondere auch dahin, dass Rechtsvorschriften, die die Benachteiligung durch Behinderungen ausgleichen sollen, zulässig und erforderlich seien.«

Das allgemeine Diskriminierungsverbot, das sich an bzw gegen den Staat richtet, wird dadurch inhaltlich nicht erweitert. Eine Ungleichbehandlung ist weiterhin gestattet, sofern eine sachliche Rechtfertigung vorliegt (andernfalls wären sogar Förderungen für Behinderte ausgeschlossen[62]). Außerdem kommt dem allgemeinen Gleichheitssatz – auch in seiner erweiterten Fassung – völlig unstreitig noch immer keine unmittelbare Drittwirkung zu,[63] jedoch kann davon ausgegangen werden, dass alle Menschen (und nicht nur Staatsbürger) Normadressaten des dritten und vierten Satzes sind. Davon geht auch der Verfassungsgerichtshof (VfGH) in seiner Entscheidung VfGH G 106/12-7, G 17/13-6 vom 1. März 2013 aus, in der er unter Berufung auf die Gesetzesmaterialien zu BGBl I 1997/87[64] Teile des Staatsbürgerschaftsgesetzes 1985 (StbG 1985) aufhob, und zwar auf Antrag eines Asylberechtigten hin. Er hält in der oa Entscheidung fest, »dass Art 7 Abs 1 Satz 3 B-VG insbesondere im Lichte einer subjektiv-historischen Interpretation ein Diskriminierungsverbot nicht nur gegenüber Staatsbürgern, sondern

61 Zitiert aus RV 836 BlgNR XXII. GP, 3.

62 Öhlinger/Eberhard, Verfassungsrecht (FN 46) 73 RdNr 102.

63 Öhlinger/Eberhard, Verfassungsrecht (FN 46) 360 RdNr 801; ebenso AB 785 BlgNR XX. GP, 5.

64 AB 785 BlgNR XX. GP, 3.

gegenüber jedermann enthält«. Mit dieser Entwicklung geht größtenteils auch die Lehre konform.[65]

2.1.3.3 Vorgaben aus der EMRK

Im Folgenden soll der Frage nachgegangen werden, ob Art 10 EMRK (der wie die gesamte EMRK im Rang eines Verfassungsgesetzes steht[66]), nämlich in seiner spezifischen Ausprägung der Freiheit zum Empfang von Nachrichten oder Ideen ohne den Eingriff öffentlicher Behörden, eine für alle zugängliche (und damit barrierefreie) Verwaltung vorschreibt.[67] Diese Frage stellt sich umso mehr, wenn man einbezieht, dass die Meinungsäußerungsfreiheit als »Grundpfeiler einer demokratischen Gesellschaft«[68] rezipiert wird und oft als Grundlage aller anderen Freiheiten dargestellt wird.

Zunächst erscheint einsichtig, dass ein solcher Grundpfeiler für alle Beteiligten Geltung haben muss, allerdings stellt sich dann einleitend die Frage, ob der (barrierefreie) Zugang zu Verwaltungsinformationen überhaupt in den Anwendungsbereich des Art 10 EMRK fällt. Wenn

---

65 Vgl *Hengstschläger/Leeb*, Grundrechte[2] (2013) 122; *Feik*, Der räumliche und persönliche Geltungsbereich der Grundrechte in der Judikatur des VfGH, ZÖR 1999, 19ff (21).

66 Siehe FN 46.

67 Der Bereich der Kommunikationsfreiheit ist außerdem in folgenden Rechtsgrundlagen geregelt: Art 13 StGG; Art 6 StV von Wien; Z 1 und Z 2 des Beschlusses der Provisorischen Nationalversammlung vom 30. Oktober 1918. Diese greifen allerdings im problematisierten Bereich des barrierefreien Zugangs zu Verwaltungsinformationen weniger weit als Art 10 EMRK und werden daher nicht explizit erwähnt. Zu dieser spezifischen Grundrechtsparallelität vgl *Tretter*, Übersicht zur Rechtsprechung der Höchstgerichte, in Ermacora/Nowak/Tretter (Hrsg), Die Europäische Menschenrechtskonvention in der Rechtsprechung der österreichischen Höchstgerichte (1983) 68ff. Wortgleich ist Art 11 EU-GRC gefasst, zu dieser Parallelität vgl *Frenz*, Handbuch Europarecht (2009) 558 Rz 1834 und 1835.

68 *Berka*, Die Grundrechte (1999) 316 Rz 543; den Aspekt der demokratischen Partizipation besonders hervorhebend *Holoubek*, Kommunikationsfreiheit, in Merten/Papier/Kucsko-Stadlmayer (Hrsg), Handbuch der Grundrechte[2] (2014) § 15 Rz 57; vgl ebenso *Meyer-Ladewig*, Europäische Menschenrechtskonvention[2] (2006) Art 10 Rz 1; EGMR 21.01.1999, 29183/95, Fressoz u. Noire/Frankreich.

nicht, so könnte sich eine diesbezügliche Verpflichtung des Staates jedoch immer noch aus anderen (Verfassungs-)Normen ergeben.

Das Recht, Nachrichten oder Ideen ohne den Eingriff öffentlicher Behörden empfangen zu können, wird als »Informationsfreiheit« bezeichnet.[69] Diese soll es ermöglichen, dass der Einzelne seine Rechte wohlinformiert (und damit wirksam) wahrnehmen kann;[70] vor allem soll jeder Kommunikationsprozess frei und unbeeinflusst vonstattengehen – die Meinungsbildung soll nicht in vom Staat vorgegebenen Bahnen erfolgen.[71] Dabei darf der Begriff der Meinung nicht zu eng verstanden werden, auch die Kundgabe und der Empfang von Tatsachen fallen darunter.[72]

Als kurzer Exkurs sei der Vollständigkeit halber erwähnt, dass nach der Judikatur des Verfassungsgerichtshofes (VfGH) dem Art 10 EMRK keine Verpflichtung des Staates zu entnehmen sei, wonach dieser überhaupt einen Zugang zu Informationen zu gewährleisten oder selbst Informationen bereitzustellen habe[73] bzw einen Zugang zu nichtöffentlichen/geheimen Informationen herzustellen hätte[74] – diese Thematik steht hier jedoch nicht zur Debatte: Gegenstand der Ausführungen soll nur sein, ob ein bereits eingerichteter Zugang (den die Verwaltung ja

---

69 Vgl *Berka*, Die Grundrechte (FN 67) 319 Rz 550; Öhlinger/Eberhard, Verfassungsrecht (FN 46) 413 Rz 910.

70 *Schwartz,* Öffentlicher E-Content und Verfassungsrecht, ecolex 2001, 709ff.

71 Vgl *Heissl* (Hrsg), Handbuch Menschenrechte (2009) 283, Rz 14/8.

72 *Meyer-Ladewig*, Europäische Menschenrechtskonvention (FN 67) Art 10 Rz 5; Öhlinger/Eberhard, Verfassungsrecht (FN 46) 413 Rz 911.

73 Vgl *Feik,* Zugang zu Verwaltungswissen, ZfV 2006/2, 187ff; *Feiler,* Datenschutz als Hemmschuh und Wegbereiter für das Grundrecht auf Zugang zu amtlichen Informationen, in Jahnel (Hrsg), Datenschutzrecht. Jahrbuch 2014 (2014) 55 (59); *Frenz*, Handbuch Europarecht (FN 66) 554 Rz 1821; *Tretter,* Zur Freiheit der Informationsbeschaffung. Eine Besprechung des Erkenntnisses VfGH 16. 3. 1987, B 154/85, MR 1987/2, 84, 84ff; VfGH 16. 3. 1987, B 154/85 = VfSlg 11.297/1987; VfGH 3. 10. 1991, B4/91 = VfSlg 12.838/1991; diese Rsp ablehnend *Feik*, Öffentliche Verwaltungskommunikation (2007).

74 *Frenz*, Handbuch Europarecht (FN 66) 554, Rz 1820; *Heissl* (Hrsg), Handbuch Menschenrechte (FN 70) 283, Rz 14/8; EGMR 19. 2. 1998, 14.967, Z 53, Guerra ua.

vielfach anbietet[75]) auch für alle gleichermaßen erreichbar sein muss. Ebenso unbehandelt bleiben Intentionen, Art 20 Abs 4 B-VG zu reformieren, dies aus selbigen genannten Gründen.[76]

Der Umstand, dass zwar Informationen von der Verwaltung zur Verfügung gestellt werden, diese aber (in Form einer nicht gleichermaßen für alle verfügbaren Webseite etwa) nicht allen Bürgern faktisch zur Verfügung stehen, scheint im Ergebnis einer Verbreitungsbeschränkung gleichzukommen. Zwar sind Beschränkungen des Art 10 EMRK nicht grundsätzlich untersagt, sie unterliegen jedoch einer strengen Prüfung.

Unzulässig sind etwa Eingriffe, die nicht bloß solchen vom Gesetz vorgesehenen Formvorschriften, Bedingungen, Einschränkungen oder Strafdrohungen unterworfen werden, wie sie in einer demokratischen Gesellschaft im Interesse der nationalen Sicherheit, der territorialen Unversehrtheit oder der öffentlichen Sicherheit, der Aufrechterhaltung der Ordnung und der Verbrechensverhütung, des Schutzes der Gesundheit und der Moral, des Schutzes des guten Rufes oder der Rechte anderer unentbehrlich sind, um die Verbreitung von vertraulichen Nachrichten zu verhindern oder das Ansehen und die Unparteilichkeit der Rechtsprechung zu gewährleisten.

Schon auf den ersten Blick wird klar, dass eine fehlende barrierefreie Zugänglichkeit kein von einem solchen erlaubten Zweck getragener Eingriff sein kann. Vielfach spricht sich der Gesetzgeber ja gerade in die entgegengesetzte Richtung aus und fördert Gleichberechtigung auf vielen Ebenen.

Der Lehre ist zu entnehmen, dass sie ein der EMRK entspringendes Recht, vom Staat angemessen unterrichtet zu werden, bejaht. Ob daraus allerdings eine allgemeine Informationspflicht abzuleiten ist, ist nicht abschließend geklärt.[77] Noch weniger klar ist der Zusammenhang mit Accessibility-Vorgaben, auf die bis jetzt in der Literatur nahezu gar nicht eingegangen wurde.

---

75 Vgl die riesige Anzahl von öffentlichen Webauftritten in Kap 4.1 »Ziele und Beweggründe«.

76 Dazu sei auf folgende ausführliche Darstellungen verwiesen: *Bertel,* Informationsfreiheit statt Amtsgeheimnis? Art 22a B-VG neu auf dem Prüfstand, JRP 2014/3, 203ff; *Feik,* ZfV 2006/2, 187; *Feiler,* in Jahnel (FN 72) 55.

77 Vgl *Frenz,* Handbuch Europarecht (FN 66) 553, Rz 1818.

ME sagt Informationsfreiheit bloß, dass die Möglichkeit eines Zuganges zu Informationen durch den Staat sicherzustellen ist, nicht jedoch in welcher Form.

Dies wird zunächst in Fällen, in denen ein Informationsfreiheitsanspruch auf Zugang zu individuellen Verwaltungsinformationen[78] bejaht wird regelmäßig jene Form sein, die eben tatsächlich zur Verfügung steht (so werden Papierakten aus einem Archiv, zu dem Zugang gewährt wurde, nicht um jeden Preis digitalisiert und barrierefrei zur Verfügung gestellt werden müssen). Dies wird jedoch da nicht gelten, wo Informationen des Staates an die (Gesamt-)Öffentlichkeit herangetragen werden oder eine Interaktion dieser beiden in einer Online-Umgebung stattfindet. In einer solchen Konstellation wird der Staat danach trachten müssen, dass er möglichst viele Bürger einbeziehen und mit den gleichen Informationen und Zugängen bedenken kann.

2.1.3.4 Vorgaben aus anderen Grundrechten

Wenn man aus der Zusammenschau mehrerer einzelner Grundrechte[79] ein solches auf Technologieneutralität erblicken möchte, wie dies *Trauner*[80] postuliert, das unter anderem den Staat verpflichtet, Informations- und Kommunikationstechnologien durch Gesetze effizient und sicher zu gestalten, so ist nur konsequent, in ein solches auch die Verpflichtung zur Barrierefreiheit hineinzulesen. Der Begriff der »Effizienz einer Technologie« (zumindest im Zusammenhang mit der Zugänglichkeit zu öffentlichen Informationen) bedingt nämlich mE eine Nutzbarkeit durch möglichst viele Anwender.

Eine Pflicht des Staates, überhaupt bestimmte Technologien einzusetzen (nicht nur im IKT-Bereich) ergibt sich daraus jedoch nicht; wurde aber eine Entscheidung zugunsten einer bestimmten getroffen, dann muss diese für alle gleich zur Anwendung kommen. Dies wird

---

78 Damit sind solche gemeint, die nicht generell der Öffentlichkeit zur Verfügung stehen (etwa über einen Webauftritt), sondern in denen individuell beurteilt wird, ob ein Anspruch besteht, vgl dazu die detaillierten Ausführungen in *Feiler*, in Jahnel (FN 72) 55ff.

79 So kommen Art 10 EMRK, Art 10, 10a und 13 StGG hierfür in Frage, vgl *Trauner*, in Holzinger/Oberndorfer/Raschauer B. (FN 6) 267 (297).

80 *Trauner*, in Holzinger/Oberndorfer/Raschauer B. (FN 6) 267 (297).

umso mehr der Fall sein, wenn es um Kernbereiche der Daseinsvorsorge geht.[81]

Im Übrigen hat der VfGH[82] auch klargestellt, dass es eine Recherchefreiheit gibt, die den Zugang zu öffentlich zugänglichen Informationen grundrechtlich gewährleistet.[83] Zur Notwendigkeit der barrierefreien Ausgestaltung derselben wird auf obige Ausführungen zur Informationsfreiheit verwiesen.

2.1.4 Innerstaatliches einfaches Recht

2.1.4.1 Bundes-Behindertengleichstellungsgesetz[84]

In Konkretisierung der Verfassungsbestimmung des Art 7 Abs 1 B-VG soll das Bundes-Behindertengleichstellungsgesetz (BGStG)[85] die Diskriminierungen behinderter Menschen, soweit diese in den Bereich einer Bundeskompetenz fallen, vermeiden bzw beseitigen helfen.[86] Ziel des Gesetzes ist die gleichberechtigte Teilhabe von Menschen mit Behinderungen in der Gesellschaft.[87] Aufgrund der Zersplitterung des Behindertenwesens im Kompetenzsystem der Bundesverfassung (siehe Kapitel 2.1.3.1 »Kompetenztatbestände«) ist der Anwendungsbereich des BGStG stark vermindert: es legt seinen eingeschränkten Geltungsbereich auf »die Verwaltung des Bundes einschließlich der von ihm zu

---

81 Vgl im Zusammenhang mit dringenden Informationsbedürfnissen beim großflächigen Ausbruch von Krankheiten *Ibrahim/Seifi*, Assessing the Accessibility of Health Web Sites During the H1N1 Pandemic, Journal of Consumer Health on the Internet 2014/18, 211ff.

82 VfGH 16.3.1987, B 154/85 = VfSlg 11.297/1987; ausführlichst besprochen in *Tretter*, MR 1987/2, 84ff.

83 *Berka*, Die Grundrechte (FN 67) 319 Rz 550.

84 Vgl einleitend zum BGStG und BEinstG *Schober/Sprajcer/Horak/Klein/Djukic/Sorat/Pfeil/Mayer*, Evaluierung des Behindertengleichstellungsrechts (2012) 53ff.

85 Bundesgesetz über die Gleichstellung von Menschen mit Behinderungen (Bundes-Behindertengleichstellungsgesetz – BGStG), BGBl I 82/2005 idgF.

86 § 1 Abs 1 BGStG.

87 RV 836 BlgNR XXII. GP, 5 und 6.

beaufsichtigenden Selbstverwaltung und einschließlich dessen Tätigkeit als Träger von Privatrechten«[88] fest (mit der Legalausnahme des Schutzes vor Diskriminierung in der Arbeitswelt; dieser ist im Behinderteneinstellungsgesetz [BEinstG][89] geregelt[90]). Dennoch erlegt das BGStG der Verwaltung innerhalb seiner abgesteckten Grenzen wichtige, die Online-Barrierefreiheit betreffende Pflichten, auf.

§ 6 Abs 5 BGStG lautet: »Barrierefrei sind bauliche und sonstige Anlagen, Verkehrsmittel, technische Gebrauchsgegenstände, Systeme der Informationsverarbeitung sowie andere gestaltete Lebensbereiche, wenn sie für Menschen mit Behinderungen in der allgemein üblichen Weise, ohne besondere Erschwernis und grundsätzlich ohne fremde Hilfe zugänglich und nutzbar sind.«

Die dazugehörigen Materialien legen die verwendeten unbestimmten Gesetzesbegriffe folgendermaßen aus:[91]

»Im Zusammenhang mit der Definition von Barrierefreiheit bedeutet:

– ›in der allgemein üblichen Weise‹ z. B. die Beförderung in einem üblicherweise für die Passagierbeförderung vorgesehenen Eisenbahnwaggon und nicht im Gepäckwagen,

– ›ohne besondere Erschwernis‹, dass unter gewissen Umständen eine leichte Erschwernis wie z. B. etwas längere Wartezeiten zumutbar ist, und

– ›grundsätzlich ohne fremde Hilfe‹, dass z. B. bauliche Änderungen oder technische Adaptierungen Barrieren nachhaltiger beseitigen als Hilfeleistung durch Dritte.«

Diese Verpflichtung zur Barrierefreiheit gilt nur dann nicht, wenn im Rahmen einer vorliegenden mittelbaren Diskriminierung (unmittelbare sind immer verboten![92]) diese entweder

1. durch ein rechtmäßiges Ziel sachlich gerechtfertigt ist und

---

88 § 2 Abs 1 BGStG.

89 Behinderteneinstellungsgesetz (BEinstG), BGBl I 22/1970 idgF.

90 § 2 Abs 3 BGStG.

91 RV 836 BlgNR XXII. GP 9.

92 *Buchinger,* Rechtliche Instrumente zur Durchsetzung von Barrierefreiheit: Erfahrungen aus Österreich, in Welti (Hrsg), Rechtliche Instrumente zur Durchsetzung von Barrierefreiheit (2013) 96; RV 836 BlgNR XXII. GP 7.

2. die Mittel zur Erreichung dieses Zieles angemessen sind und
2. die Mittel zur Erreichung dieses Zieles erforderlich sind und
3. wenn die Beseitigung von Bedingungen, die eine Benachteiligung begründen, rechtswidrig wäre, oder
4. wenn die Beseitigung von Bedingungen, die eine Benachteiligung begründen, wegen unverhältnismäßiger Belastungen unzumutbar wäre.

Den Passus kann man nicht so auslegen, dass den Gesetzgeber Verpflichtungen dahingehend träfen, gesetzliche Bestimmungen (etwa baurechtlicher Art) zu ändern oder zu erlassen.[93] Wann nach der oa Bestimmung Barrierefreiheit vorliegt, ist Gegenstand einer Einzelfallbetrachtung und hat sich an den jeweils aktuellen Normierungen zu orientieren (dabei ist auf den Stand der Technik Bedacht zu nehmen). Im Bereich der Informations- und Kommunikationstechnologie kommen dafür die *Web Content Accessibility Guidelines* (*WCAG 2.0*)[94] oder die harmonisierte bzw europäische Norm[95] in Betracht.

Wohl aber muss das BGStG so verstanden werden, dass nicht nur der behördliche Bereich vom Wirkungsbereich betroffen ist, sondern auch und gerade der private Sektor (der Bundesgesetzgeber stützt sich dabei auf seine Zivilrechtskompetenz[96]), »soweit es jeweils um den Zugang zu und die Versorgung mit Gütern und Dienstleistungen geht, die der Öffentlichkeit zur Verfügung stehen, und die unmittelbare Regelungskompetenz des Bundes gegeben ist.«[97] Dies gilt für alle Rechtsverhältnisse sowie für die Inanspruchnahme oder Geltendmachung von Leistungen außerhalb eines Rechtsverhältnisses. Ausdrücklich mitumfasst sind die Anbahnung und Begründung solcher Rechtsverhältnisse.[98]

Damit sind aber solche Rechtsverhältnisse ausgeschlossen, die im privaten Lebensumfeld der Betroffenen stattfinden (zB im Familienrecht – Obsorge), sowie solche rechtsgeschäftlichen Handlungen, die einen Vertragsgegenstand zum Inhalt haben, der nicht der Öffentlich-

93 Ausdrücklich RV 836 BlgNR XXII. GP 9.

94 Siehe Kapitel 3.1 »Web Content Accessibility Guidelines«.

95 Vgl Kapitel 3.2 »Der europäische Standard – die europäische Norm«.

96 Vgl RV 836 BlgNR XXII. GP 6.

97 § 2 Abs 2 BGStG.

98 § 2 Abs 2 BGStG; vgl auch *Buchinger*, in Welti (FN 91) 95.

keit zur Verfügung steht.[99] Wohl umfasst ist damit aber eine Webseite, die nicht dem Staat zugerechnet werden kann, aber der Allgemeinheit zugänglich ist (was bei den meisten Internetseiten der Fall sein wird).[100]

Allen Diskriminierungsschutzregelungen (also auch jenen aus dem Arbeitsrecht etwa) gemein ist, dass sie den Betroffenen kein durchsetzbares, subjektives Recht auf Barrierefreiheit gewähren[101] (im ursprünglichen Entwurf zum Behindertengleichstellungspaket war ein Beseitigungsanspruch vorgesehen![102]), sondern lediglich den Verantwortlichen zur Kasse bitten – mittels zivilrechtlichem Schadenersatzanspruch.[103]

Wann (im Fall der BGStG-Anwendung) die unmittelbare Regelungskompetenz des Bundes gegeben ist, wird nicht in allen Fällen leicht zu ermitteln sein, außerdem gibt es für den Bereich der Webauftritte im behördlichen Bereich einfacher zu lesende und vor allem speziellere Rechtsnormen.

2.1.4.2 E-Government-Gesetz

Auf Grundlage der dargestellten Kompetenzverteilung (vgl Kapitel 2.1.3.1 »Kompetenztatbestände«) wurde im Jahr 2004 das E-Government-Gesetz (E-GovG)[104] geschaffen. Dieses schreibt ausdrücklich die Notwendigkeit der Barrierefreiheit von behördlichen Webauftritten vor und nimmt wiederum Bezug auf internationale Standards im Bereich der Accessibility.[105]

---

99 Die Materialien nennen als Beispiele die Vermietung einer Wohnung an einen Freund: vgl RV 836 BlgNR XXII. GP 6; in *Buchinger*, in Welti (FN 91) werden Beziehungen zwischen Vereinsmitgliedern genannt.

100 Vgl *Punz*, Barrierefrei ins Internet: Auch Private in der Pflicht, Die Presse Rechtspanorama 19. 6. 2007.

101 Vgl dazu auch *Ganner*, Barrierefreies Wohnen im Sinne des Bundes- Behindertengleichstellungsgesetzes und der UN-Behindertenrechtskonvention, immolex 2014, 278 (279).

102 *Buchinger*, in Welti (FN 91) 97.

103 *Buchinger*, in Welti (FN 91) 97.

104 Bundesgesetz über Regelungen zur Erleichterung des elektronischen Verkehrs mit öffentlichen Stellen (E-Government-Gesetz – E-GovG), BGBl I 10/2004 idF BGBl I 83/2013.

105 Vgl auch *Feik/Randl*, in Jahnel/Mader/Staudegger (FN 55) 399.

Der für die barrierefreie Gestaltung zentrale § 1 Abs 3 E-GovG lautet:

»Bei der Umsetzung der Ziele dieses Bundesgesetzes ist Vorsorge dafür zu treffen, dass behördliche Internetauftritte, die Informationen anbieten oder Verfahren elektronisch unterstützen, so gestaltet sind, dass internationale Standards über die Web-Zugänglichkeit auch hinsichtlich des barrierefreien Zugangs für behinderte Menschen eingehalten werden.«

In der Regierungsvorlage zur Erlassung des E-GovG war § 1 Abs 3 noch nicht enthalten und auch in den Materialien findet sich demgemäß keine Erläuterung zur Entstehung desselben. Er ist erst im Zuge der parlamentarischen Behandlung in den Text aufgenommen worden.[106]

Daraus ergibt sich die Problematik, dass nicht klar ist, auf welcher spezifischen Grundlage § 1 Abs 3 E-GovG geschaffen wurde. Wenn er nämlich so zu verstehen ist, dass alle (Bundes- und Landes-)Behörden adressiert sind, dann wird man zum Ergebnis kommen müssen, dass dies mit der Kompetenzverteilung nicht vereinbar ist und eine Verfassungswidrigkeit vorliegt. Bei verfassungskonformer Interpretation[107] wird man jedoch den Anwendungsbereich auf Bundesbehörden einschränken müssen.

Daneben nehmen noch einige weitere öffentlich-rechtliche Normen aus dem E-Government-Bereich im Hinblick auf die Barrierefreiheit Bezug auf den Stand der Technik (siehe nachfolgendes Kapitel 2.1.4.3 »Weitere Vorgaben«).

2.1.4.3 Weitere Vorgaben

Im Bereich der Auftragsvergabe verpflichten die Allgemeinen Vertragsbedingungen der Republik Österreich für IT-Leistungen Software (ABV-IT/SW)[108] einen Auftragnehmer zur Vorlage einer detaillierten

---

106 Vgl RV 252 BlgNR XXII. GP.

107 Von mehreren Interpretationsergebnissen werden dabei jene ausgeschlossen, die mit dem Verfassungsrecht nicht vereinbar sind. Damit kann durchaus ein Ergebnis gewonnen werden, das dem Wortlaut auf den ersten Blick nicht zu entnehmen ist, vgl Öhlinger/Eberhard, Verfassungsrecht (FN 46) 38 Rz 36.

108 Abrufbar unter <bbg.gv.at/kunden/beratung/vergabekompetenz-cen-

und nachprüfbaren Beschreibung (ein »Accessibility Statement«), aus der hervorgehen muss, ob ihr Produkt durch Menschen mit Behinderungen barrierefrei genutzt werden kann und ob es einschlägigen Richtlinien entspricht; außerdem muss eine Ansprechperson genannt werden.[109, 110]

2.1.5 Evaluierung, Beschlüsse und Aktionspläne; Implementierung

Im Folgenden soll ein kurzer Abriss der beschlossenen Maßnahmen dargestellt werden, der einen Überblick über das Problembewusstsein auf höchster Ebene und entsprechende Fortschritte geben soll.

Auf Bundesebene wurden in den Jahren 2002 und 2004 Berichte zur Umsetzung der WAI-Leitlinien (siehe Kapitel 3.1 »Web Content Accessibility Guidelines«) erstellt.[111] Beide nehmen Bezug auf den Aktionsplan der EU »eEurope2002« und konstatieren einen Fortschritt in der Implementierung von barrierefreien Inhalten.[112]

Im Jahr 2007 wurde eine Erhebung zum Stand der Barrierefreiheit öffentlicher Webauftritte durchgeführt und veröffentlicht.[113] Dabei wurde vor allem evaluiert, ob den Anforderungen des § 1 Abs 3 E-GovG[114] insoweit entsprochen wurde, als die damals geltenden WAI-Richtlinien WCAG 1.0 eingehalten wurden.

---

ter/gesetze-verordnungen/oesterreichische-vergabevorschriften/allgemeine-vertragsbedingungen-der-republik-oesterreich-fuer-it-leistungen-avb-it> (22. 8. 2015).

109 Weiters wären § 29 Abs. 7 Zustellgesetz oder § 3 Abs. 1 Z 10 Zustelldiensteverordnung zu nennen, die auf Barrierefreiheit Bezug nehmen.

110 ABV-IT/SW 5.

111 Abrufbar unter <digitales.oesterreich.gv.at/DocView.axd?CobId=19401> sowie <digitales.oesterreich.gv.at/DocView.axd?CobId=19400> (22. 8. 2015).

112 Vgl auch *Bradbard/Peters*, Journal of Educators Online 2010/8 (2), 206 (211).

113 *Eibl/Wagner-Leimbach*, Erhebung Barrierefreiheit 2007 <digitales.oesterreich.gv.at/DocView.axd?CobId=24558> (22. 8. 2015).

114 § 1 Abs 3 E-GovG lautet: »[...] ist Vorsorge dafür zu treffen, dass behördliche Internetauftritte, die Informationen anbieten oder Verfahren elektronisch unterstützen, so gestaltet sind, dass internationale Standards über die Web-Zugänglichkeit auch hinsichtlich des barrierefreien Zugangs für behinderte Menschen eingehalten werden.«.

Im Jahr 2008 wurden auf Initiative des Bundeskanzleramtes (BKA) und des Bundesministeriums für Land- und Forstwirtschaft, Umwelt und Wasserwirtschaft (BMLFUW) Standards für eine Partizipation von Bürgern in Verwaltungsprozessen geschaffen,[115] unter der Rubrik »Ausgewogenheit und Chancengleichheit« wird darin Barrierefreiheit des Beteiligungsprozesses als Voraussetzung für diesen statuiert.

Der nationale Aktionsplan Behinderung der österreichischen Bundesregierung aus dem Jahr 2012 sieht (vor dem Hintergrund der Umsetzungsverpflichtung der UN-BRK, siehe dazu Kapitel 2.1.1.4 »Umsetzungsverpflichtung«) vor allem den Breitbandausbau in den ländlichen Gebieten, die Evaluierung von Maßnahmen für die Erlassung einer etwaigen Verordnung über barrierefreie Telekommunikationsdienste sowie einen Zuschuss zu den Internetzugangskosten für ältere und behinderte Personen mit geringem Einkommen vor.[116]

Ebenfalls aus dem Jahr 2012 stammt die Ausarbeitung »Rahmenbedingungen für Open Government Data Plattformen«,[117] die die Zurverfügungstellung von Daten der öffentlichen Verwaltung thematisiert; darin sind ein einfacher und barrierefreier Zugang als Prinzip verankert.

Ganz aktuell auf Accessibility Bezug nimmt auch die in Zusammenarbeit mit den Bürgern erstellte Digitale Agenda der Stadt Wien,[118] die Inklusion, Solidarität und soziale Nachhaltigkeit als eines ihrer Leitmotive darstellt und auch ausdrücklich auf die Digital-Divide-Problematik eingeht.[119]

---

115 *oA,* Standards der Öffentlichkeitsbeteiligung – Empfehlungen für die gute Praxis <partizipation.at/fileadmin/media_data/Downloads/Standards_OeB/standards_der_oeffentlichkeitsbeteiligung_2008_druck.pdf> (22. 8. 2015).

116 *oA,* Nationaler Aktionsplan Behinderung 2012 – 2020 <sozialministerium.at/site/Soziales/Menschen_mit_Behinderungen/Nationaler_Aktionsplan_Behinderung_2012_2020/> (22. 8. 2015).

117 *Eibl ua,* Rahmenbedingungen für Open Government Data Plattformen <ref.gv.at/uploads/media/OGD-1-1-0_20120730.pdf> 135 (22. 8. 2015).

118 Vgl <digitaleagenda.wien> (22. 8. 2015).

119 Einen detaillierten Überblick zur Einbindung der Endnutzer in barrierefreie E-Government-Umgebungen bietet *Colosio/Fogli/Sacco,* Managing accessibility in local e-government websites through end-user development: a case study, Universal Access in the Information Society 2010/9, 35ff.

2.2 Deutschland

Als Mitglied der EU gelten im Zusammenhang mit Accessibility für Deutschland dieselben europäischen Vorgaben wie für Österreich, sodass insoweit auf obige Ausführungen verwiesen werden kann (Kapitel 2.1.2 »Europäische Ebene«).

Auf Verfassungsebene kennt auch das deutsche Recht den Gleichheitssatz, der in Art 3 Grundgesetz (GG)[120] verankert ist und ähnlich dem österreichischen Recht keine unmittelbare Drittwirkung entfaltet. Er wurde im Jahr 1994 um einen der österreichischen Formulierung ähnlichen Passus erweitert, der Benachteiligungen aufgrund einer Behinderung verbietet.[121]

Auf einfachgesetzlicher Ebene ist vor allem das Allgemeine Gleichbehandlungsgesetz (AGG)[122] zu nennen, das als Bundesgesetz beitragen soll, »Benachteiligungen aus Gründen der Rasse oder wegen der ethnischen Herkunft, des Geschlechts, der Religion oder Weltanschauung, einer Behinderung, des Alters oder der sexuellen Identität zu verhindern oder zu beseitigen«.[123]

In seinem in § 2 AGG definierten sachlichen Anwendungsbereich liegt ausdrücklich die Verhinderung von unzulässigen Benachteiligungen im Hinblick auf den Zugang zu und der Versorgung mit Gütern und Dienstleistungen, die der Öffentlichkeit zur Verfügung stehen. Zwar ließe sich nach dem Wortlaut vermuten, dass davon auch barrierefreie Internetauftritte von öffentlichen Stellen umfasst seien, nach hM lässt sich daraus jedoch keine diesbezügliche Verpflichtung ableiten.[124] Dies ergibt sich einerseits aus dem Adressatenkreis des AGG, andererseits

---

120 Grundgesetz für die Bundesrepublik Deutschland in der im Bundesgesetzblatt Teil III, Gliederungsnummer 100-1, veröffentlichten bereinigten Fassung, das zuletzt durch Artikel 1 des Gesetzes vom 23. Dezember 2014 (BGBl I S 2438) geändert worden ist.

121 Art 3 Abs 3 GG; vgl auch *Kuhlen*, Informationsethik (FN 1) 154 FN 133.

122 Allgemeines Gleichbehandlungsgesetz vom 14. August 2006 (BGBl I S 1897), das zuletzt durch Artikel 8 des Gesetzes vom 3. April 2013 (BGBl. I S. 610) geändert worden ist.

123 § 1 AGG.

124 *Hellbusch/Probiesch*, Barrierefreiheit verstehen und umsetzen (FN 8) 46.

existiert dafür mit dem Behindertengleichstellungsgesetz (BGG)[125] eine speziellere Norm.

Das BGG verfolgt das Ziel »die Benachteiligung von behinderten Menschen zu beseitigen und zu verhindern sowie die gleichberechtigte Teilhabe von behinderten Menschen am Leben in der Gesellschaft zu gewährleisten und ihnen eine selbstbestimmte Lebensführung zu ermöglichen«.[126]

Den Begriff der Barrierefreiheit wendet es auf bauliche und informationstechnische Sachverhalte gleichermaßen an und geht damit von einem modernen Begriffsverständnis aus.[127]

So lautet § 4 BGG: »Barrierefrei sind bauliche und sonstige Anlagen, Verkehrsmittel, technische Gebrauchsgegenstände, Systeme der Informationsverarbeitung, akustische und visuelle Informationsquellen und Kommunikationseinrichtungen sowie andere gestaltete Lebensbereiche, wenn sie für behinderte Menschen in der allgemein üblichen Weise, ohne besondere Erschwernis und grundsätzlich ohne fremde Hilfe zugänglich und nutzbar sind.«

Das BGG nimmt sogenannte Träger öffentlicher Gewalt in die Pflicht, ihre Webauftritte so zu gestalten, dass »sie von behinderten Menschen grundsätzlich uneingeschränkt genutzt werden können«.[128] Hierfür schafft es die Grundlage zur Erlassung einer näher ausgestaltenden Verordnung.

Außerdem stellt es das Instrument der Zielvereinbarung zur Verfügung, mittels dessen anerkannte Verbände[129] in Verhandlungen mit der Wirtschaft treten und sogar die Einleitung solcher verlangen können.

---

125 Behindertengleichstellungsgesetz vom 27. April 2002 (BGBl I S 1467, 1468), das zuletzt durch Artikel 12 des Gesetzes vom 19. Dezember 2007 (BGBl. I S. 3024) geändert worden ist.

126 § 1 Abs 1 BGG.

127 Vgl dazu auch *Bernasconi*, Barrierefreies Internet für Menschen mit geistiger Behinderung. Eine experimentelle Pilotstudie zu technischen Voraussetzungen und partizipativen Auswirkungen (2007) 19ff.

128 § 11 Abs 1 BGG.

129 Bei solchen handelt es sich um Verbände, die auf Vorschlag der Mitglieder des Beirates für die Teilhabe behinderter Menschen vom Bundesministerium für Arbeit und Soziales ernannt werden. § 13 Abs 3 BGG nennt die bezüglichen Anerkennungserfordernisse.

Das geht soweit, dass anerkannte Verbände Zielvereinbarungen zur Herstellung von Barrierefreiheit mit Pönalen für den Fall der Nichterfüllung oder des Verzugs versehen können. Getroffene Zielvereinbarungen werden vom Bundesministerium für Arbeit und Soziales in ein Zielvereinbarungsregister eingetragen.[130]

Auf Grund des § 11 Abs 1 Satz 2 des Behindertengleichstellungsgesetzes wurde die Barrierefreie-Informationstechnik-Verordnung[131] (BITV 2.0) erlassen. Diese richtet sich zwar an die (Bundes-)Verwaltung, stellt aber auch eine Empfehlung für den privaten Bereich dar.[132] Sie lehnt sich eng an die Web Content Accessibility Guidelines 2.0 (WCAG 2.0) an und übernimmt auch deren leitende Prinzipien wortgleich (siehe Kapitel 3.1 »Web Content Accessibility Guidelines«). Sie hat zur Herstellung eines barrierefreien Auftrittes einen weiten Anwendungsbereich, der sich auf Internetauftritte und -angebote, Intranetauftritte und -angebote, die öffentlich zugänglich sind, und mittels Informationstechnik realisierte grafische Programmoberflächen, die öffentlich zugänglich sind, erstreckt.

Sanktionen für die Nichteinhaltung werden keine festgelegt, ebenso wenig wie Betroffenen subjektive Rechte eingeräumt werden; dies lässt sich mit dem Adressatenkreis der Verordnung, nämlich der weisungsgebundenen öffentlichen Verwaltung erklären.

Da sie sich, wie erwähnt, inhaltlich auf die WCAG 2.0 stützt, sei insoweit auf das nächste Kapitel verwiesen, in dem diese dargestellt werden.

Die oben zitierte Definition des Begriffs der Barrierefreiheit schlägt (wenn auch manchmal in leicht abgewandelter Form – grundsätzlich

---

130 Anzumerken sei noch, dass die Zielvereinbarung nicht durchwegs als ein sinnvoller Weg erachtet wird. So bezeichnet etwa der Staatsrat für Soziales, Kinder, Jugend und Frauen der Freien Hansestadt Bremen die Zielvereinbarung als wirkungslos und enttäuschend, siehe *Willig,* Rechtliche Instrumente zur Durchsetzung von Barrierefreiheit, in Welti (Hrsg), Rechtliche Instrumente zur Durchsetzung von Barrierefreiheit (2013) 7 und 9; zu spezifischen Verhandlungserfahren siehe *Kruse,* Erfahrungen bei der Verhandlung von Zielvereinbarungen, in Welti (Hrsg), Rechtliche Instrumente zur Durchsetzung von Barrierefreiheit (2013) 35ff.

131 Barrierefreie-Informationstechnik-Verordnung vom 12. September 2011 (BGBl I S 1843).

132 *Kuhlen,* Informationsethik (FN 1) 154.

wird jedoch diese Festlegung aufrechterhalten) auf die Gleichstellungsgesetze der Länder durch.[133] Diese hatten vor Erlassung des BGG im Jahre 2002 (bis auf Berlin und Sachsen-Anhalt) keine entsprechenden Regelungen erlassen und warteten wohl auch die Schaffung einer diesbezüglichen Bundesvorlage ab.[134]

133 Zu den jeweils geltenden Fassungen in den Ländern siehe *Welti*, Barrierefreiheit als Rechtsbegriff, in Welti (Hrsg), Rechtliche Instrumente zur Durchsetzung von Barrierefreiheit (2013) 23 FN 2.

134 Zur Umsetzung in den Ländern siehe auch *Algermissen/Dermann/Niehaves*, Barrierefreiheit für Webseiten von Bund, Ländern und Gemeinden, Wirtschaftsinformatik 2005/47, 378.

3. Technische Standards und Soft Law

3.1 Web Content Accessibility Guidelines

Das World Wide Web Consortium (W3C), das seit dem Jahr 1994 besteht, kümmert sich um die Erstellung von Standards im Internet und unterstützt deren Verbreitung (als bekanntes Beispiel sei die Hypertext Markup Language [HTML] genannt).

Ihm gehören etwa 350 Organisationen an, darunter Regierungen, namhafte Technologiehersteller und Forschungseinrichtungen.[135]

3.1.1 WCAG 1.0 und Überblick[136]

Mehrere Arbeits und Interessengruppen des W3C nehmen gemeinsam an der Web Accessibility Initiative (WAI) teil, die bereits im Jahr 1999 die erste Version ihrer Web Content Accessibility Guidelines (WCAG 1.0, übersetzt »Richtlinien für barrierefreie Webinhalte«) vorstellte.[137] Dabei handelt es sich um Empfehlungen, die an sich nicht verbindlich sind, allerdings eine hohe Bedeutung genießen und sogar in einige Rechtsordnungen Eingang gefunden haben, etwa der deutschen Barrierefreie-Informationstechnik-Verordnung (siehe Kapitel 2.2 »Deutschland«).[138]

---

135 <w3c.de/about/organisation> (22. 8. 2015).

136 Vgl zu beiden WCAG-Versionen *Brophy/Craven*, Library Trends 2007/4, 950 (956ff); *Chen/Harper,* Web accessibility guidelines, World Wide Web 2012/15, 61ff.

137 Vgl *Weist*, Accessibility - barrierefreies Internet (FN 10) 34.

138 Jeweils mwN: *Hellbusch/Probiesch*, Barrierefreiheit verstehen und umsetzen (FN 8) 40; *Kerkmann*, Informatik-Spektrum 2013/36(5), 455 (456); *Martínez/Pluke,* Mandate M 376: New Software Accessibility Requirements, Procedia Computer Science 2014, 271 (272); *Radtke/Charlier,* Barrierefreies Webdesign (2006) 38; *Schuster,* Barrierefreies Webdesign (FN 1) 89; *Weist*, Accessibility – barrierefreies Internet (FN 10) 34.

Die insgesamt 14 einzelne Punkte umfassenden Richtlinien für eine barrierefreie Gestaltung hatten etwa die geräteunabhängige Darstellung (»Transformierbarkeit«) sowie eine optimierte Struktur und Formulierung von Webinhalten (»Verständlichkeit«) zum Inhalt.[139] Zu jedem dieser 14 Punkte gab es mehrere »Checkpoints« (»Prüfpunkte«[140]), die zur Prüfung verwendet werden können, ob eine Website eine bestimmte Vorgabe auch tatsächlich erfüllt (Konformitätskontrolle). Diesen Checkpoints waren wiederum Prioritäten zugewiesen, die dem Charakter einer Muss-, Soll- oder Kannbestimmung gleichkommen und mit den Buchstaben A (hohe Priorität) bis AAA (niedrige Priorität) benannt sind.

3.1.2 WCAG 2.0

3.1.2.1 Aufbau

Schon im Jahr 2001 hätte die zweite, novellierte Auflage der WCAG präsentiert werden sollen,[141] tatsächlich war dies erst im Jahr 2008[142] der Fall. Die Version 2.0 (sie ist noch aktuell) richtet sich an ein breiteres Publikum (es umfasst auch *Webdesigner und entwickler, Entscheidungsträger, Einkäufer, Lehrer, Dozenten, Schüler und Studenten*[143] und ist anders aufgebaut (ähnlich einer Pyramidenstruktur[144]) als ihre Vorgängerbestimmung.[145]

---

139 *Schuster*, Barrierefreies Webdesign (FN 1) 83.

140 *Radtke, Charlier*, Barrierefreies Webdesign (FN 137) 39.

141 *Radtke, Charlier*, Barrierefreies Webdesign (FN 137) 38.

142 Am 11. 12. 2008.

143 Richtlinien für barrierefreie Webinhalte (WCAG) 2.0, abrufbar in der deutschen Übersetzung unter <w3.org/Translations/WCAG20-de> (22. 8. 2015); im englischen Original unter <w3.org/TR/WCAG20> (22. 8. 2015).

144 *Hellbusch/Probiesch*, Barrierefreiheit verstehen und umsetzen (FN 8) 42; *Kerkmann*, Informatik-Spektrum 2013/36(5), 455 (456).

145 Einen detaillierten Vergleich der beiden Versionen bieten *Dag/Dagfinn*, Validating WCAG versions 1.0 and 2.0 through usability testing with disabled users, Universal Access in the Information Society 2012/11, 375ff; *Li/Yen/Lu/Lin*, Migrating from WCAG 1.0 to WCAG 2.0, Computers in Human Behavior 2012/28, 87ff.

Ausdrücklich werden als Zielgruppe für die barrierefreie Gestaltung auch ältere Personen einbezogen (mit den üblichen, sich altersbedingt ändernden Fähigkeiten), außerdem ein weites Feld an Behinderungen, einschließlich visueller, auditiver, motorischer, sprachlicher, kognitiver, Sprach-, Lern- und neurologischer Einschränkungen.[146] Die WCAG 2.0 sind hierarchisch in einem 4-Ebenen-System aufgebaut: Vier Prinzipien dienen als Grundlage und Richtschnur, demnach sollen Webauftritte folgende Eigenschaften erfüllen:

1. *wahrnehmbar* (Informationen und Bestandteile der Benutzerschnittstelle müssen den Benutzern so präsentiert werden, dass diese sie wahrnehmen können),
2. *bedienbar* (Bestandteile der Benutzerschnittstelle und der Navigation müssen bedienbar sein),
3. *verständlich* (Informationen und Bedienung der Benutzerschnittstelle müssen verständlich sein) und
4. *robust* (Inhalte müssen robust genug sein, damit sie zuverlässig von einer großen Auswahl an Benutzeragenten einschließlich assistierender Techniken interpretiert werden können).

Auf diesen vier Prinzipien bauen zwölf Richtlinien auf, die den Rahmen für die technische Umsetzung vorgeben, für sich genommen aber nicht testbar sind. Diese Richtlinien werden weiter in Erfolgskriterien aufgesplittert, dabei handelt es sich um konkrete Anweisungen, die die Richtlinien näher bestimmen und testbar sind. Erst diese Kriterien werden nach den schon aus den WCAG 1.0 bekannten Konformitätsstufen A, AA und AAA zugeordnet. Sie sind wie folgt definiert:[147]

- Stufe A: Für eine Konformität auf Stufe A (die minimale Konformitätsstufe) muss die Webseite alle Erfolgskriterien der Stufe A erfüllen oder es wird eine konforme Alternativversion[148] zur Verfügung gestellt.

---

146 Vgl dazu die Einleitung der WCAG 2.0.

147 Vgl den Abschnitt »Konformität« der WCAG 2.0.

148 Die genannten »konformen Alternativversionen« einer Seite haben dabei unter anderem in der gleichen Sprache die gleichen (und auch gleich aktuellen!) Informationen und Funktionen bereitzustellen wie die Originalseite. Zu den Voraussetzungen im Detail beachte WCAG 2.0, Glossareintrag: Konforme Alternativversion (Conforming Alternate Version) sowie <w3.org/TR/UNDERSTANDING-WCAG20/conformance.html#uc-conforming-alt-versions-head> (22. 8. 2015).

- Stufe AA: Für eine Konformität auf Stufe AA muss die Webseite alle Erfolgskriterien der Stufen A und AA erfüllen oder es wird eine Stufe AA-konforme Alternativversion zur Verfügung gestellt.
- Stufe AAA: Für eine Konformität auf Stufe AAA muss die Webseite alle Erfolgskriterien der Stufen A, AA und AAA erfüllen oder es wird eine Stufe AAA-konforme Alternativversion zur Verfügung gestellt.[149]

3.1.2.2 Beispiel

Diese recht abstrakte Beschreibung soll anhand eines Beispiels verdeutlicht werden.

Das dritte der vier grundlegenden Prinzipien der WCAG 2.0 lautet »*Verständlich – Informationen und Bedienung der Benutzerschnittstelle müssen verständlich sein*«. Diese allgemeine Vorgabe wird dann in Richtlinien heruntergebrochen, im vorliegenden Beispiel in Lesbarkeit, Vorhersehbarkeit, Hilfestellung bei der Eingabe und einige andere.

Eine solche Richtlinie, hier zB 3.1: »Lesbar: Machen Sie Inhalt lesbar und verständlich«, die dem dritten Prinzip zugeordnet ist, wird nochmals in einzelne Kriterien zerlegt. Erst diese weisen dann Konformitätsstufen auf und können bezüglich dieser auch getestet und überprüft werden.

So lautet Kriterium 3.1.1: »Sprache der Seite: Die voreingestellte menschliche Sprache jeder Webseite kann durch Software bestimmt werden. (Stufe A)«.

Als zweites Beispiel lautet 3.1.4: »Abkürzungen: Es gibt einen Mechanismus, um die ausgeschriebene Form oder Bedeutung von Abkürzungen zu erkennen. (Stufe AAA)«. An diesen beiden kann man den unterschiedlichen Anspruch der Konformitätsstufen gut erkennen, von Basisfunktionen (hier: Erkennbarkeit der Sprache für Software, was immens wichtig etwa für Rechtschreibhilfen oder Screenreader ist – Stufe A) bis zu höheren Funktionen wie dem zielgerichteten Umgang mit Abkürzungen (etwa durch Popups, die die Bedeutung erklären, oder dem Bereitstellen eines Glossars – Stufe AAA).

---

149 Stufe AAA-Konformität ist für manche Inhalte nicht möglich und wird deshalb in den WCAG 2.0 selbst als allgemeine Richtlinie für komplette Websites nicht empfohlen.

Schließlich werden noch als vierte Ebene für jede Richtlinie und jedes Erfolgskriterium auf informativer Basis spezifische Techniken festgehalten, und zwar solche, die ausreichend sind, um die jeweilige Bedingung zu erfüllen und solche, die empfohlen werden. Ebenso werden Fehler, die häufig im Zuge der Umsetzung begangen werden, beschrieben.

Eine tatsächliche Beschreibung, wie diese Vorgaben in Webseiten implementiert werden können, findet erst auf dieser vierten Stufe statt.

3. Prinzip: Verständlich – Informationen und Bedienung der Benutzerschnittstelle müssen verständlich sein«

Richtlinie 3.1: »Lesbar: Machen Sie Inhalt lesbar und verständlich«	Richtlinie 3.2: »Vorhersehbar: Sorgen Sie dafür, dass Webseiten vorhersehbar aussehen und funktionieren«	Richtlinie 3.3: [...]
Kriterium 3.1.1: »Sprache der Seite: Die voreingestellte menschliche Sprache jeder Webseite kann durch Software bestimmt werden. *(Stufe A)*«		
Kriterium 3.1.4: »Abkürzungen: Es gibt einen Mechanismus, um die ausgeschriebene Form oder Bedeutung von Abkürzungen zu erkennen. *(Stufe AAA)*«		

3.1.2.3 Weitere Inhalte

Nach der Darstellung der Kernbestimmungen enthalten die WCAG 2.0 noch Informationen,[150] wann eine Website als WCAG-konform eingestuft und dementsprechend ausgewiesen werden kann: Das ist dann der Fall, wenn die betroffene Seite eine Konformitätsstufe erfüllt, wobei diese nur für die ganze Seite bzw eine vollständige Abfolge[151] (zB

150 <w3.org/TR/UNDERSTANDING-WCAG20/conformance.html#uc-conformance-requirements-head> (22. 8. 2015).

151 Die WCAG 2.0 erkennen sehr praxisnah an, dass nicht alle Inhalte in der

eine Registrierung) gilt und Techniken auf eine die Barrierefreiheit unterstützende Art implementiert werden.

Außerdem dürfen nonkonforme Techniken nur soweit verwendet werden, als sie den Zugriff auf den barrierefreien Inhalt nicht verhindern.

Einen dezidierten Hinweis auf die Konformität eines Webauftritts mit den Guidelines wird nicht verlangt. Wird ein solcher jedoch gegeben, dann legen die WCAG 2.0 die Form dieser Erklärung recht detailliert fest.[152]

Klarzustellen ist an dieser Stelle noch, dass die Entwicklung der WCAG bei weitem nicht abgeschlossen ist, schon allein der Fortschritt auf technischer Ebene wird Anpassungen laufend notwendig machen.[153]

3.2 Der europäische Standard – die europäische Norm

Die europäische Union hat den Handlungs- und Harmonisierungsbedarf im Bereich Accessibility erkannt und über die Kommission den drei europäischen Normierungsinstituten[154] mit dem Mandat M 376[155] den Auftrag erteilt, Accessibility-Anforderungen zu determinieren;

Kontrolle des Autors des Webauftritts liegen (zB Antworten auf Blogeinträge, Postings in Foren etc) und gestehen so zu, dass diese Inhalte nicht konform sein können und ermöglichen dafür eine Erklärung partieller Konformität.

152 Es bestehen etwa Anforderungen bezüglich der verwendeten Richtlinienversion, bestimmter, jedenfalls verlässlicher Techniken uÄ; wird ein Konformitätslogo benutzt, dann gilt dieses grundsätzlich als eine Erklärung und die zusätzlich erforderlichen Angaben einer Konformitätserklärung müssen gemacht werden.

153 Für zukünftige Versionen werden etwa die Abstützung der Vorgaben auf empirisch gewonnene Ergebnisse und eine Validierung seitens der WAI gefordert, vgl *Dag/Dagfinn*, Universal Access in the Information Society 2012/11, 375 (385).

154 Dabei handelt es sich um das European Committee for Standardization (CEN), das European Committee for Electrotechnical Standardization (CENELEC) und das European Telecommunications Standards Institute (ETSI).

155 <mandate376.eu> (22. 8. 2015).

dies zunächst für den Public-Procurement-Bereich[156]. Das Normierungsprojekt gliederte sich in 2 Phasen:[157]

Phase 1 diente der Informationsgewinnung und -aufbereitung, dies mit starken Bemühungen, Partizipationsprozesse einzubinden; in der 2. Phase (ab Jänner 2011) sollte dann ein einheitlicher europäischer Standard geschaffen werden.[158] Ende Februar 2014 lag schließlich ein Ergebnis auf dem Tisch: Mit EN 301 549[159] wurde der erste europäische Standard für barrierefreie Informations- und Kommunikationstechnologie geschaffen. Dieser wurde nicht allein in Expertengremien erstellt, sondern unter Einbindung der Industrie, der Konsumenten und zahlreicher Hochschulen. Außerdem wirkten Personen mit Einschränkungen und ältere Personen (!) mit.[160] Dieser offene Entstehungsprozess führte zur Schaffung von technischen Voraussetzungen barrierefreier Informations- und Kommunikationstechnologie in einem weiten Feld von Anwendungsmöglichkeiten (vom Fahrkartenautomaten zum Webauftritt reicht die Bandbreite). Der Standard basiert im Wesentlichen auf den bewährten Vorgaben der WCAG 2.0 und soll die Grundlage für eine harmonisierte Norm (siehe Kapitel 3.2 »Der europäische Standard – die europäische Norm«) bieten, wobei den barrierefrei zugänglichen Websites darin ein eigenes Kapitel gewidmet ist. Zu der Frage, ob und

156 Dabei handelt es sich um den weiten Bereich des Vergabe- und Beschaffungswesens der öffentlichen Hand.

157 Vgl *Martínez/Pluke*, Procedia Computer Science 2014, 271 (271ff).

158 Ursprünglich wurde mit einer Fertigstellung bis Februar 2014 gerechnet. Das Abwarten der Schaffung dieses Standards in den Beratungen zur E-AccessibilityRL führte zu Verzögerungen, vgl *Rat der Europäischen Union,* Nr 15512/14: Vorschlag für eine Richtlinie des Europäischen Parlaments und des Rates über den barrierefreien Zugang zu Websites öffentlicher Stellen – Sachstandsbericht <parlament.gv.at/PAKT/EU/XXV/EU/04/60/EU_46068/imfname_10510050.pdf>, 2 (22. 8. 2015).

159 EN 301 549 »Accessibility requirements suitable for public procurement of ICT products and services in Europe«, in der Version 1.1.1 vom Februar 2014, verfügbar unter <etsi.org/deliver/etsi_en/301500_301599/301549/01.01.01_60/en_301549v010101p.pdf> (22. 8. 2015).

160 Vgl *European Standardization Organzations,* PRESS RELEASE 19 February 2014: New European Standard on accessibility requirements for public procurement of ICT products and services <ftp.cencenelec.eu/EN/News/PR/PR-2014-03.pdf> (22. 8. 2015).

inwieweit ein für den öffentlichen Auftraggeber geschaffener Standard für die E-AccessibilityRL von Relevanz sein kann, sei auf die Ausführungen in Kapitel 4.4.1.2 »Implementierung der Normen« verwiesen.

3.3 Weitere (internationale) Accessibility-Normen[161]

Schon im Jahr 2003 unternahm die International Organization for Standardization (ISO) im Bereich der Software-Accessibility einen ersten Anlauf in Richtung einer technischen Spezifikation.[162] Diese wurde laufend erweitert und mündete schließlich 2008 in den internationalen Standard ISO 9241-171,[163] der auf technischer Ebene dem gleichzeitig entwickelten amerikanischen Standard ANSI HFES 200.2[164] entspricht.

Weiters existiert der internationale Standard ISO/IEC 40500:2012, der von der ISO gemeinsam mit der International Electrotechnical Commission (IEC) geschaffen wurde und inhaltlich der Erstfassung der WCAG 2.0 entspricht.[165] Dieser wird im Zusammenhang mit der E-AccessibilityRL als »internationaler Standard« definiert (siehe Kapitel 4.4.1.2 »Implementierung der Normen«).

---

161 Einen einführenden Überblick geben *Martínez/Pluke*, Procedia Computer Science 2014, 271 (272).

162 ISO/TS 16071:2003, Ergonomics of human-system interaction – Guidance on accessibility for human-computer interfaces.

163 ISO 9241-171, Ergonomics of human-system interaction - Part 171: Guidance on software accessibility. *Martínez/Pluke*, Procedia Computer Science 2014, 271 272 mwN, wonach diesem Standard wenig Unterstützung beschieden ist.

164 ANSI/HFES 200 Human Factors Engineering of Software User Interfaces. Part 2: accessibility (2008).

165 Näheres unter <iso.org/iso/iso_catalogue/catalogue_tc/catalogue_detail.htm?csnumber=58625> (22. 8. 2015).

4. Der Vorschlag für eine E-Accessibility-Richtlinie

Seit dem Jahr 2012 liegt ein Vorschlag für eine Richtlinie des Europäischen Parlaments und des Rates über den barrierefreien Zugang zu Websites öffentlicher Stellen[166] vor. Nachfolgend sollen dessen Inhalt, seine Entstehung und einige Hintergründe dargestellt werden.

Im Laufe der Verhandlungen erfolgte (Vorschläge für) Änderungen werden in Kapitel 5.2 »Gang der Verhandlungen und Abänderungen des Textes« dargestellt. Da der Entwurf aus dem Jahr 2012 bis dato der einzige vollständig ausgearbeitete ist, soll er im Folgenden dar- und vorgestellt werden, auch wenn Abänderungen in manchen Bereichen ziemlich sicher sind.

4.1 Ziele und Beweggründe

Aus dem Richtlinienvorschlag und dem begleitend veröffentlichten Impact Assessment[167] gehen zwei Hauptbeweggründe für die Schaffung einer EU-Vorgabe im Bereich der E-Accessibility hervor.

Zum Ersten soll die Umsetzung der UN-BRK, die auch die EU unterzeichnet hat (siehe Kapitel 2.1.1.4 »Umsetzungsverpflichtung«), für die Mitgliedstaaten erleichtert werden.

Als zweiter Grund tritt ganz wesentlich der Faktor »Förderung des Wirtschaftsraums« hervor. So sieht die Kommission nämlich Markthindernisse für Webentwickler, die durch eine Harmonisierungsvorschrift abgebaut werden können. Das EU-weite Volumen des Marktes für barrierefreie Webauftritte öffentlicher Stellen wird auf immerhin zwei Milliarden EUR geschätzt.[168] Dazu tritt, dass davon ausgegangen wird, dass 15% der gesamten EU-Bevölkerung im erwerbsfähigen Alter (das entspricht etwa 80 Millionen Menschen) unter funktionalen Ein-

---

166 KOM (2012) 721 endg, vgl Kapitel 1.1 »Ziel der Arbeit und Methodik«.

167 SWD (2012) 401 endg.

168 Vorschlag für eine E-AccessibilityRL, 2.

schränkungen oder Behinderungen leiden,[169] sowie die Annahme, dass die Bevölkerungsalterung stetig zunimmt.

Dem gegenüber steht, dass erst unter 10% der öffentlichen Websites (insgesamt gibt es davon über 761.000 in der EU!) barrierefrei zugänglich sind, was auf ein riesiges Wachstumspotential hinweist. Und genau in diesem wachsenden Markt werden laut Kommission Entwickler ausgebremst: »Für grenzüberschreitend tätige Anbieter fallen zusätzliche Herstellungskosten an. Wettbewerb, Wettbewerbsfähigkeit und Wirtschaftswachstum werden beeinträchtigt, da die Unternehmen, insbesondere KMU, nicht über ausreichende Kenntnisse und Möglichkeiten verfügen, um all die unterschiedlichen Spezifikationen und Verfahrensanforderungen zu erfüllen.«[170]

Die Richtlinie selbst nennt im Normtext als Zweck die »Angleichung der Rechts- und Verwaltungsvorschriften der Mitgliedstaaten zum barrierefreien Zugang zu den Inhalten von Websites öffentlicher Stellen für alle Nutzer, insbesondere für Menschen mit funktionellen Einschränkungen, einschließlich Menschen mit Behinderungen«[171]; sie geht also davon aus, dass die verbesserten Zugangsbedingungen zu einem Nutzen für alle User führen (vgl Kapitel 1.3 »Digital Divides und der Nutzen für alle«). Daneben erlaubt die Richtlinie den Mitgliedstaaten ausdrücklich die Erweiterung des Anwendungsbereichs auf andere Websites (vgl Kapitel 4.3 »Anwendungsbereich«).[172]

4.2 Kompetenzen

Die zu erlassende Richtlinie stützt sich ausdrücklich auf Art 114 Abs 1 des Vertrages über die Arbeitsweise der Europäischen Union (AEUV)[173] als Kompetenzgrundlage. Dieser regelt die Erlassung von Maßnahmen zur Angleichung der Rechts- und Verwaltungsvorschriften der Mitgliedstaaten, welche die Errichtung und das Funktionieren des Binnen-

169 KOM (2005) 425 endg 2.

170 Vorschlag für eine E-AccessibilityRL, 2.

171 Art 1 Abs 1 Vorschlag für eine E-AccessibilityRL.

172 Art 1 Abs 3 Vorschlag für eine E-AccessibilityRL.

173 Vertrag über die Arbeitsweise der Europäischen Union, ABl EG Nr C 115 vom 9. 5. 2008, zuletzt geändert mit ABl EU L 112/21 vom 24. 4. 2012.

markts zum Gegenstand haben,[174] insbesondere sollen solche Hindernisse im Binnenmarkt weggeräumt werden, die anders nicht zu beseitigen sind.[175] Dabei steht im Vordergrund, dass ein gesamteuropäisch einheitlicher Standard geschaffen werden soll,[176] eine gänzliche Gleichschaltung aller nationalen Rechtsordnungen im Zuge einer Harmonisierung nach Art 114 AEUV ist nicht intendiert (dazu stünde der Rechtsakt der Verordnung zur Verfügung[177]). Anzumerken ist jedoch, dass Art 114 AEUV nicht auf die Erlassung von Richtlinien beschränkt ist, allerdings ist dies regelmäßig der schonendste und zielführendste Rechtssetzungsakt.[178]

Voraussetzung für eine Angleichungsmaßnahme nach Art 114 AEUV ist ein Binnenmarktbezug, der durchaus streng zu beurteilen ist,[179] andernfalls könnte der schon sehr weite Anwendungsbereich des Art 114 leg cit noch weiter ausgedehnt werden (*Thiele* weist treffend darauf hin, dass »in der heutigen Zeit alle Regelungen in irgendeiner Form auch Auswirkungen auf den Wettbewerb haben«[180]).

Mehrmals stellen sowohl die Richtlinie selbst als auch das Impact Assessment auf die Notwendigkeit der Einheit des Binnenmarktes[181] ab und stellen den notwendigen Bezug, auch unter Zuhilfenahme zahlreicher Erhebungen und Studien (vgl Kapitel 2.1.2.2 »›Softe‹ Vorgaben«), her. Daneben sieht die Kommission auch die geforderte Subsidiarität und Verhältnismäßigkeit[182] der EU-Rechtssetzung gewahrt: Zum Sub-

---

174 Wobei das »und« als ein »oder« zu lesen wäre, dh alternativ reicht die Errichtung *oder* das Funktionieren des Binnenmarkts als Regelungsgegenstand aus, vgl *Beiser/Zorn* in Mayer/Stöger (Hrsg), EUV/AEUV 114 AEUV (2010) Rz 13 mwN.

175 *Borchardt*, Die rechtlichen Grundlagen der Europäischen Union[4] (2010) 365 RdNr 805 nennt die Abschaffung von Zöllen etc.

176 *Thiele*, Europarecht[11] (2013) 286.

177 Vgl *Borchardt*, Die rechtlichen Grundlagen der Europäischen Union (FN 174) 240 RdNr 515.

178 Vgl *Beiser/Zorn* 114 AEUV Rz 13; *Thiele*, Europarecht (FN 175) 287.

179 Vgl etwa EuGH 28. 6. 1994, C-187/93 Parlament/Rat, Slg 1994, I-2857 Rz 25, mwN.

180 *Thiele*, Europarecht (FN 175) 287.

181 Vgl dazu auch EuGH 9. 10. 2001, C-377/98, Königreich der Niederlande gegen Europäisches Parlament und Rat der Europäischen Union.

182 Art 5 Abs 3 EUV.

sidiaritätsprinzip führt der Richtlinientext[183] aus, dass Maßnahmen auf mitgliedstaatlicher Ebene nicht ausreichen würden, um den transnationalen Charakter des Problems zu erfassen, dabei stützt er sich ebenfalls auf die vorangegangenen Studien und Berichte (siehe oben). Weiters stellen die bestehenden unterschiedlichen Regelungen Hindernisse für Unternehmen dar, die grenzüberschreitend tätig werden wollen und es würde die Mobilität jener Bürger eingeschränkt, die assistive Technologien nutzen. Schließlich sei durch »die Beteiligung an einem Kooperationsmechanismus für den Austausch von bewährten Praktiken, Know-how und Antworten auf technologische Entwicklungen«[184] noch eine effizientere Ressourcennutzung möglich.

Zur Voraussetzung der Verhältnismäßigkeit wird festgehalten, dass zum einen nur eine Minimalliste von Websites aufgeführt sei,[185] die barrierefrei ausgestaltet sein müssen, eine Erweiterung dieser Liste jedoch die Mitgliedstaaten in der Hand hätten, zum anderen blieben »wichtige Durchführungsparameter, wie etwa die Bestimmung der für die Überprüfung der Einhaltung verantwortlichen Behörde, ins Ermessen der Mitgliedstaaten gestellt.«[186]

4.3 Der ursprüngliche Anwendungsbereich

Der Vorschlag für ein E-AccessibilityRL in seiner Erstfassung[187] führte einen Mindestbereich im elektronischen Verwaltungszugang an, der barrierefrei zu gestalten ist (sofern er eingerichtet ist, dazu besteht aber keine Verpflichtung!); dieser umfasste folgende 12 »Typen« von öffent-

---

183 Vorschlag für eine E-AccessibilityRL, 6.

184 Vorschlag für eine E-AccessibilityRL, 6.

185 eachte dazu FN 186.

186 Vorschlag für eine E-AccessibilityRL, 6.

187 Im Laufe der Verhandlungen kam es noch zu einigen Änderungen, vor allem im Anwendungsbereich und in der Definition der öffentlichen Stellen. Um ein umfassendes Verständnis der vorgesehenen RL zu gewährleisten, soll an dieser Stelle zunächst der ursprüngliche Vorschlag besprochen werden. Zu den Änderungen vgl Kapitel 5.2 »Gang der Verhandlungen und Abänderungen des Textes«.

lichen Verwaltungsangeboten:[188, 189]

- Einkommensteuer: Steuererklärung, Steuerbescheid
- Dienstleistungen der Arbeitsämter zur Unterstützung bei der Arbeitssuche
- Sozialleistungen: Leistungen bei Arbeitslosigkeit, Familienzulagen, medizinische Kosten (Rückerstattung oder Direktabrechnung), Ausbildungsbeihilfen für Schüler und Studenten
- Ausweisdokumente: Reisepass, Führerschein
- Kraftfahrzeugzulassung
- Beantragung von Baugenehmigungen
- Polizeiliche Anzeigen (zB bei Diebstahl)
- Öffentliche Bibliotheken, zB Kataloge und Suchwerkzeuge
- Beantragung und Übermittlung von Heiratsurkunden
- Immatrikulation an Hochschulen/Universitäten
- Mitteilung eines Wohnsitzwechsels
- Gesundheitsdienstleistungen: interaktive Beratung zur Verfügbarkeit von Dienstleistungen, Online-Patientendienste, Terminvereinbarungen

Diese Websites wurden unter Bezugnahme auf eGovernment-Benchmar-

---

188 Dieser Bereich ist im Anhang zum Vorschlag für eine E-AccessibilityRL aufgeführt. Zur Frage, ob dieser Mindestbereich in einem einzigen, barrierefreien Onlineportal zusammengefasst werden kann, siehe Kapitel 5.2 »Gang der Verhandlungen und Abänderungen des Textes«.

189 Mittlerweile wurde beschlossen, diesen Kernbereich auf alle Websites auszudehnen, die von öffentlichen Stellen (die diesbezügliche Definition wurde ebenfalls ergänzt) stammen. Vgl dazu Kapitel 5.2 »Gang der Verhandlungen und Abänderungen des Textes«. Dass eine Auflistung der erfassten Websites als Erläuterung und Hilfestellung für die umsetzungsverpflichteten Mitgliedstaaten durchaus von Nutzen sein könnte, wurde jedoch erkannt: vgl *Rat der Europäischen Union*, Nr 15512/14: Vorschlag für eine Richtlinie des Europäischen Parlaments und des Rates über den barrierefreien Zugang zu Websites öffentlicher Stellen – Sachstandsbericht <parlament.gv.at/PAKT/EU/XXV/EU/04/60/EU_46068/imfname_10510050.pdf> (22. 8. 2015). Insoweit ist die dargestellte Auflistung auch weiterhin als Anhalt von Bedeutung.

king-Arbeiten[190] aus dem Jahr 2001 und auf die jahrelang angewendeten Benchmarking-Kriterien als grundlegend für die wirtschaftliche und gesellschaftliche Teilhabe sowie die Ausübung von Rechten eingestuft.

Websites öffentlicher Stellen mit diesen Inhalten bezeichnet die Richtlinie als »betroffene Websites«.[191] Dieser Anwendungsbereich kann auf andere weitere Websites ausgedehnt werden,[192] wozu in den Vorbemerkungen zur Richtlinie ausdrücklich aufgefordert wird.[193, 194]

Schon bei bloß kurzem Querlesen fällt auf, dass eine Ausdehnung des Anwendungsbereichs durch die Mitgliedstaaten sinnvoll sein wird, decken doch die genannten Bereiche nur einen kleinen Teil der elektronischen Verwaltungsleistung ab (man denke etwa an die nicht genannten weiten Bereiche der Register- und Buchauszüge oder der gewerberechtlichen Verpflichtungen).

Die im Richtlinientext verwendeten Bezeichnungen entsprechen jenen des Normierungsauftrages M 376 (siehe Kapitel 3.2 »Der europäische Standard – die europäische Norm«) und lehnen sich an etablierte Begriffe aus den WCAG an.

---

190 Abrufbar unter <ec.europa.eu/digital-agenda/en/news/egovernment-indicators-benchmarking-eeurope> (22. 8. 2015).

191 Art 2 Z 1 Vorschlag für eine E-AccessibilityRL.

192 Art1 Abs 3 Vorschlag für eine E-AccessibilityRL.

193 Vorschlag für eine E-AccessibilityRL, 8.

194 Es wird seitens des Europäischen Rates bzw der befassten Gruppe »Telekommunikation und Informationsgesellschaft« (TELE-Gruppe) davon ausgegangen, dass ein »Spill-Over-Effekt« dazu führt, dass weitere, in der Aufzählung nicht vorkommende Online-Zugänge der öffentlichen Verwaltung, ebenfalls barrierefrei gestaltet werden und im besten Fall dieser Effekt sogar in den privaten Sektor übergreift. Vgl dazu *Council of the European Union,* Nr 10089/13: Proposal for a Directive of the European Parliament and of the Council on the accessibility of public sector bodies' websites – Progress report <parlament.gv.at/PAKT/EU/XXIV/EU/11/57/EU_115715/imfname_10404423.pdf>, 3, (22. 8. 2015).

4.4 Inhalt

4.4.1 Inhalt betreffend die Barrierefreiheit

4.4.1.1 Begriffsbestimmungen

Als Inhalte von Websites, die barrierefrei zugänglich zu machen sind, gelten »*Informationen, die dem Nutzer über einen Benutzeragenten* [Definition siehe FN 199] *zur Verfügung gestellt werden sollen, einschließlich Codes oder Kennzeichnungen, die Struktur, Präsentation und Interaktion der Inhalte bestimmen*«.[195] Die als Betreiber der Websites verpflichteten öffentlichen Stellen sind nicht nur der Staat selbst bzw die Gebietskörperschaften, sondern auch alle Einrichtungen des öffentlichen Rechts und Verbände aus einer oder mehreren Körperschaften oder Einrichtungen des öffentlichen Rechts.

Der Begriff der Einrichtung des öffentliches Rechts wird dabei im Wege einer Verweisung legaldefiniert.[196, 197] Dabei handelt es sich um jede Einrichtung,

- die Rechtspersönlichkeit besitzt,
- zu dem besonderen Zweck gegründet wurde, im Allgemeininteresse liegende Aufgaben nicht gewerblicher Art zu erfüllen,
- überwiegend vom Staat, von Gebietskörperschaften oder von anderen Einrichtungen des öffentlichen Rechts finanziert wird und
- hinsichtlich ihrer Leitung der Aufsicht durch Letztere unterliegt oder deren Verwaltungs-, Leitungs- oder Aufsichtsorgan mehrheitlich aus Mitgliedern besteht, die vom Staat, von den Gebietskörperschaften oder von anderen Einrichtungen des öffentlichen Rechts ernannt worden sind.

---

195 Art 2 Z 2 Vorschlag für eine E-AccessibilityRL.

196 Er stammt aus Art 1 Abs 9 der Richtlinie 2004/18/EG des Europäischen Parlaments und des Rates vom 31. März 2004 über die Koordinierung der Verfahren zur Vergabe öffentlicher Bauaufträge, Lieferaufträge und Dienstleistungsaufträge.

197 Eine beispielhafte Aufzählung oder Erläuterung zum Anwendungsbereich erübrigt sich an dieser Stelle, da er Gegenstand intensiver Diskussionen ist und die ursprüngliche Fassung bereits mehrfach abgeändert wurde. Zum aktuellen Stand siehe Kapitel 5.2 »Gang der Verhandlungen und Abänderungen des Textes«.

Als allgemeine Anforderungen an einen barrierefreien Zugang sind vorgesehen:[198, 199]

- Kohärenz und Angemessenheit
- Anpassungsfähigkeit der präsentierten Inhalte und der Interaktion mit diesen, allenfalls muss eine barrierefreie elektronische Alternative bereitgestellt werden
- Interoperabilität mit verschiedenen Benutzeragenten[200]
- Interoperabilität mit assistiven Techniken,[201] sei es auf EU- oder internationaler Ebene.

Um diese groben Anforderungen zu präzisieren, wird die Kommission ermächtigt,[202] delegierte Rechtsakte zu erlassen (gestützt auf Art 290 AEUV).[203] Es handelt sich dabei um die Möglichkeit – nicht Verpflichtung – der Richtlinienergänzung durch die Kommission; auch vor dem Hintergrund, schnell auf Entwicklungen im technischen oder sozialen

---

198 Art 3 Vorschlag für eine E-AccessibilityRL.

199 Das Verständnis von Accessibility iSe leichten Zugänglichkeit geht hier von zwei verschiedenen Ansätzen aus: zum einen wird sie aus der Perspektive des Benutzers gesehen, zum anderen aus Anwendersicht iSe Interoperabilität. Vgl dazu *Council of the European Union*, Nr 10089/13: Proposal for a Directive of the European Parliament and of the Council on the accessibility of public sector bodies' websites – Progress report <parlament.gv.at/PAKT/EU/XXIV/EU/11/57/EU_115715/imfname_10404423.pdf>, 3 (22. 8. 2015).

200 Vgl Art 2 Z 3 Vorschlag für eine E-AccessibilityRL: dabei handelt es sich um jedwede Software, die Webinhalte für Nutzer abruft und darstellt, dazu zählen etwa Webbrowser und Media-Player, aber auch diverse Plugins und Programme, die Zugriff, Wiedergabe oder Interaktion von/mit Webinhalten ermöglichen.

201 Dabei handelt es sich etwa um Anzeigehilfen (zB Bildschirmlupen, Braille-Zeile), Screenreader (Programme zum Vorlesen des Bildschirminhalts), Eingabehilfen (zB Kopf- oder Augensteuerung der Maus, spezielle Tastaturen) bis hin zu Virtual-Reality-Ansätzen, vgl dazu *Born*, Computer trotz Handicap (2009) 39ff; *Kerkmann*, Informatik-Spektrum 2013/36 (5), 455 (458); *Kuhlen/Dohle*, Virtual reality for physically disabled people, Computers in Biology and Medicine 1995/2, 205ff; *Weist*, Accessibility - barrierefreies Internet (FN 10) 71ff.

202 Art 3 Abs 3 iVm Art 8 Vorschlag für eine E-AccessibilityRL.

203 Vgl *Borchardt*, Die rechtlichen Grundlagen der Europäischen Union (FN 174) 188 RdNr 369.

Bereich reagieren zu können[204].

4.4.1.2 Implementierung der Normen

Zum weiteren Verständnis des Mechanismus zur Schaffung von Barrierefreiheit bei öffentlichen Webauftritten ist der Begriff der »Norm« zentral: Damit meint die Richtlinie »eine von einer anerkannten Normungsorganisation angenommene technische Spezifikation zur wiederholten oder ständigen Anwendung, deren Einhaltung nicht zwingend ist«.[205] Diesen Begriff unterteilt die Richtlinie noch in die internationale Norm (eine solche entspricht der obigen Definition und wurde von einer internationalen Normungsorganisation angenommen[206]), die europäische Norm (entsprechend von einer europäischen Normungsorganisation angenommen[207]) und schließlich die harmonisierte Norm. Bei letzterer handelt es sich um eine europäische Norm, die auf der Grundlage eines Auftrags der Kommission zur Durchführung von Harmonisierungsrechtsvorschriften der Union angenommen wurde.[208]

Auf nationale Normen geht der Richtlinienentwurf nicht ein, solche sollen ja gerade harmonisiert werden.

Die harmonisierte Norm ist für die Anwendbarkeit der Richtlinie von entscheidender Bedeutung: Art 4 der Richtlinie stellt nämlich die Fiktion auf, dass die oa Anforderungen an einen barrierefreien Web-

204 Vgl auch Vorschlag für eine E-AccessibilityRL, 7.

205 Art 4 Z 4 Vorschlag für eine E-AccessibilityRL.

206 Art 4 Z 5 Vorschlag für eine E-AccessibilityRL; siehe auch Kapitel 3.3 »Weitere (internationale) Accessibility-Normen«.

207 Art 4 Z 6 Vorschlag für eine E-AccessibilityRL.

208 Die Definitionen der Normen entstammen einer Verweisung auf die Verordnung (EU) Nr 1025/2012 des Europäischen Parlaments und des Rates vom 25. Oktober 2012 zur europäischen Normung, zur Änderung der Richtlinien 89/686/EWG und 93/15/EWG des Rates sowie der Richtlinien 94/9/EG, 94/25/EG, 95/16/EG, 97/23/EG, 98/34/EG, 2004/22/EG, 2007/23/EG, 2009/23/EG und 2009/105/EG des Europäischen Parlaments und des Rates und zur Aufhebung des Beschlusses 87/95/EWG des Rates und des Beschlusses Nr. 1673/2006/EG des Europäischen Parlaments und des Rates, sie wurden wortgleich übernommen.

zugang erfüllt sind, wenn und soweit[209] Websites öffentlicher Stellen harmonisierten Normen oder Teilen dieser entsprechen, deren Fundstellen zusammengestellt und im Amtsblatt der Europäischen Union veröffentlicht sind.

Diese Anordnung soll die Feststellung der Konformität des Webauftritts mit den Anforderungen erleichtern.[210] Sind die Mitgliedstaaten oder das Europäische Parlament der Meinung, dass hierbei den Anforderungen für Barrierefreiheit nicht entsprochen wird, können sie Einwände gegen die harmonisierte Norm erheben.[211]

Auch vor der Veröffentlichung der Fundstellen der harmonisierten Norm greift die Konformitätsvermutung, und zwar wenn und soweit betroffene Websites europäischen Normen oder Teilen europäischer Normen entsprechen.[212] Die Erlassung solcher europäischer Normen wird der Kommission übertragen (delegierter Rechtsakt, siehe oben).[213]

Sollten auch europäische Normen nicht bestehen, so greift die Richtlinie auf die internationale Norm ISO/IEC 40500:2012 zurück, allerdings nur soweit, als diese den Kriterien und Anforderungen für die Konformitätsstufe AA entsprechen. So wird sichergestellt, dass immer auf einen einheitlichen, nachvollziehbaren Standard zurückgegriffen werden kann.[214]

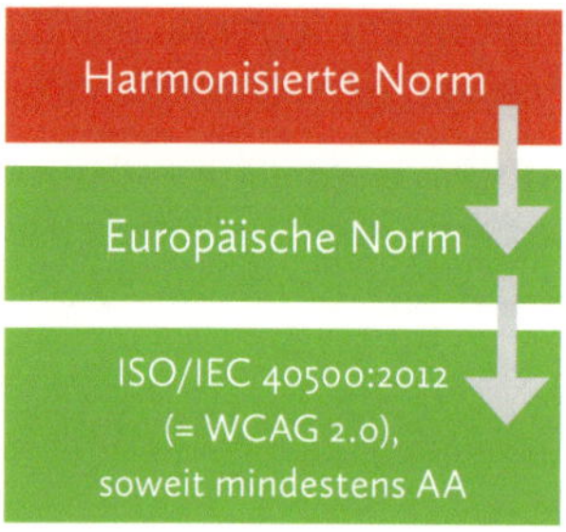

Hierarchie der Normen zur Konformitätsvermutung öffentlicher Webauftritte

209 Arg Art 4 letzter Satz: »*in den von den jeweiligen Normen oder Teilen von Normen abgedeckten Bereichen*«.

210 Erwägungsgrund 20 des Vorschlags für eine E-AccessibilityRL.

211 Siehe Art 11 der Verordnung (EU) 1025/2012.

212 Art 5 Abs 1 Vorschlag für eine E-AccessibilityRL.

213 Art 5 Abs 2 iVm Art 8 Vorschlag für eine E-AccessibilityRL.

214 Ein europäischer Standard wurde in der Zwischenzeit geschaffen (vgl Kapitel 3.2 »Der europäische Standard – die europäische Norm«), wodurch sich der Rückgriff auf ISO/IEC 40500:2012 erübrigt hat. Dies wurde auch in den Verhandlungen erkannt und behoben, vgl dazu Kapitel 5.2 »Gang der Verhandlungen und Abänderungen des Textes«.

4.4.2 Weitere bzw in der RL nicht vorgesehene Maßnahmen

Mindestens genauso wichtig wie der Inhalt der RL sind jene Materien, die sie gerade nicht vorgibt. So ist keine Rede von einem durchsetzbaren Recht des Einzelnen auf barrierefreien Zugang zu öffentlichen Inhalten dem Staat gegenüber; dementsprechend gibt es auch keine vorgesehenen Verfahren dafür (mit der Ausnahme der unten angeführten Konsultations- und Zusammenarbeitsverpflichtungen) oder die Verpflichtung, eine mit der Wahrnehmung der Rechte Betroffener betraute Stelle (etwa eine Schlichtungsstelle, einen Ombudsmann etc) einzurichten. Die Mitwirkung Betroffener ist stark eingeschränkt, allenfalls im Wege der Zusammenarbeit zwischen dem öffentlichen und dem dritten Sektor (Konsultationsmechanismus, siehe unten) ist eine solche verwirklicht.

Dies lässt sich mit der gewählten Kompetenzgrundlage des RL-Vorschlags erklären. Wie in Kapitel 4.2 »Kompetenzen« schon dargestellt, wurde dazu Art 114 AEUV herangezogen, also die Binnenmarktkompetenz. Im Hinblick auf den Inhalt der oben erwähnten – im Vorschlag nicht vorgesehenen – Maßnahmen wäre die Heranziehung dieser Kompetenznorm nämlich insoweit problematisch, als solche Vorgaben vom Umfang des Art 114 AEUV nicht umfasst sein werden.[215]

Mit dem Ziel der Bewusstseinsbildung, des Abschlusses von Kooperationsvereinbarungen und des Marktwachstums[216] werden jedoch als zusätzliche (zu dem oben dargestellten Konformitätsregime tretende) Maßnahmen angeordnet:

- Websites öffentlicher Stellen haben eine Erklärung zur Einhaltung der Barrierefreiheit und insbesondere zur Einhaltung der Vorschriften dieser Richtlinie zu enthalten.
- Websites öffentlicher Stellen haben etwaige zusätzliche Zugänglichkeitsinformationen zur Unterstützung der Nutzer zu enthalten.
- Der barrierefreie Webzugang ist über den festgelegten Anwendungsbereich (Art 1 Abs 3 E-AccessibilityRL – »betroffene Websites«) hinaus zu erleichtern, insbesondere auf solche Websites, die in den Anwendungsbereich bestehender nationaler Rechtsvorschriften

---

215 *Borchardt*, Die rechtlichen Grundlagen der Europäischen Union (FN 174) 354 Rz 798ff.

216 Vorschlag für eine E-AccessibilityRL, 8.

oder einschlägiger Maßnahmen zur Gewährleistung eines barrierefreien Webzugangs fallen (Stichwort: Marktwachstum![217]).

- Mit einschlägigen Akteuren sind Konsultationsmechanismen zu schaffen. Dies werden vor allem Behindertenorganisationen und Konsumentenschutzverbände sein, aber auch Hochschulen oder IT-Dienstleister.
- Einschlägige politische Entwicklungen im Bereich des barrierefreien Webzugangs sind zu veröffentlichen.
- Gewonnene Erfahrungen und Erkenntnisse bei der Herstellung der Barrierefreiheit sind zu veröffentlichen.
- Mit Branchenakteuren und der Zivilgesellschaft sollen die Mitgliedstaaten zusammenarbeiten; dies auf Unionsebene und der Kommission als Moderatorin. Dabei werden vor allem Markt- und technische Entwicklungen, sowie die aktuellen Fortschritte verfolgt. Daneben wird eine Plattform für bewährte Praktiken geschaffen.

In Art 7 sieht die Richtlinie schließlich Überwachungs- und Berichtspflichten vor, und zwar dergestalt, dass die Mitgliedstaaten laufend die Einhaltung der Konformitätsanforderungen überwachen und jährlich über die Ergebnisse einen Bericht anfertigen. Dies gilt auch für Websites, auf die gem Art 1 Abs 3 RL der Anwendungsbereich ausgedehnt wurde.[218] Dies ist insofern begrüßenswert, als Webauftritte kontinuierlichen Änderungen unterliegen und so ein regelmäßiges Monitoring eingeführt wird. Je nach Umsetzungsvariante der RL in innerstaatliches Recht (vgl Kapitel 6.2 »Umsetzungskompetenzen und -möglichkeiten«) kann damit allerdings ein beträchtlicher Koordinationsaufwand entstehen.[219, 220]

---

217 Vorschlag für eine E-AccessibilityRL, 8.

218 Art 7 Z 2 Vorschlag für eine E-AccessibilityRL.

219 Damit hätte eine Art »selbstregulierendes System« geschaffen werden sollen, das die verantwortlichen Stellen zu konformem Verhalten bewegen soll. Dieses wurde jedoch im Laufe der Verhandlungen etwas aufgeweicht, vgl dazu Kapitel 5.2 »Gang der Verhandlungen und Abänderungen des Textes«.

220 An dieser Stelle sei darauf verwiesen, dass Accessibility-Monitoring durchaus für einzelne Aspekte automatisiert mit Evaluierungstools erfolgen kann, sogar mit Auswertung in Bezug auf die Konformität mit

Für das Kontrollwesen ist eine spezielle Methode vorgesehen, die die Kommission im Wege eines Durchführungsrechtaktes näher zu bestimmen hat.[221] Diese Methode wird sich an der europäischen Norm orientieren und ist im Amtsblatt der Europäischen Union zu veröffentlichen.

Insbesondere sieht der Richtlinienentwurf vor, dass Angaben zur Häufigkeit der Prüfungen, zur Auswahl von Stichproben sowie eine Erläuterung, wie die Erfüllung der Anforderungen an einen barrierefreien Webzugang nachzuweisen ist (soweit eine harmonisierte Norm schon geschaffen ist, unter Bezug auf diese, sonst unter Bezugnahme auf eine europäische bzw internationale).[222]

Details der Berichterstattung sollen ebenfalls von der Kommission mittels delegierten Rechtsakt determiniert werden.[223]

Insoweit der Kommission Befugnisse übertragen werden, um delegierte Rechtsakte zu schaffen,[224] sind diese zwar unbefristet, können aber vom Europäischen Parlament oder dem Rat jederzeit widerrufen werden.[225] Außerdem treten solche delegierten Rechtsakte nur in Kraft, wenn »weder das Europäische Parlament noch der Rat innerhalb einer Frist von zwei Monaten nach Übermittlung dieses Rechtakts an das Eu-

---

verschiedenen Accessibility-Vorschriften, vgl *Ferreira/Goncalves/Martins/Pereira/Oliveira,* Enterprise Web Accessibility Levels Amongst the Forbes 250: Where Art Thou O Virtuous Leader?, Journal of Business Ethics 2013/113, 363ff. Ein vollständiger Ersatz der menschlichen Prüftätigkeit ist allerdings derzeit nicht möglich.

221 Bei der Erlassung des bezüglichen Durchführungsrechtaktes findet das Prüfverfahren gem Art 5 der Verordnung (EU) Nr 182/2011 des Europäischen Parlaments und des Rates vom 16. Februar 2011 zur Festlegung der allgemeinen Regeln und Grundsätze, nach denen die Mitgliedstaaten die Wahrnehmung der Durchführungsbefugnisse durch die Kommission kontrollieren, Anwendung, auf den Art 7 Abs iVm Art 9 Abs 3 Vorschlag für eine E-AccessibilityRL verweist.

222 Art 7 Abs 5 Vorschlag für eine E-AccessibilityRL.

223 Auch dafür bedient sich der Entwurf gem Art 7 Abs 6 iVm Art 9 Abs 2 Vorschlag für eine EAccessibilityRL der Verordnung (EU) Nr 182/2011, hier kommt allerdings das Beratungsverfahren nach Art 4 leg cit zur Anwendung.

224 So in Art 3 bezüglich der Anforderungen an einen barrierefreien Webzugang und Art 5 bezüglich der Bestimmung einer europäischen Norm.

225 Art 8 Abs 3 Vorschlag für eine E-AccessibilityRL.

ropäische Parlament und den Rat Einwände erhoben haben oder wenn vor Ablauf dieser Frist sowohl das Europäische Parlament als auch der Rat der Kommission mitgeteilt haben, dass sie keine Einwände erheben werden. Auf Initiative des Europäischen Parlaments oder des Rates wird diese Frist um zwei Monate verlängert.«[226]

Bei der Wahrnehmung der Aufgaben aus dem Richtlinienentwurf wird die Kommission von einem Ausschuss unterstützt.[227]

---

226 Art 8 Abs 5 Vorschlag für eine E-AccessibilityRL.

227 Art 9 Abs 1 Vorschlag für eine E-AccessibilityRL. Damit ist ein solcher iSd Verordnung (EU) Nr 182/2011 gemeint, dieser soll jedoch nach den laufenden Verhandlungen wieder wegfallen.

5. Stand der Verhandlungen

5.1. Ursprünglicher Zeitplan

Bis jetzt läuft die Erlassung einer europaweiten Accessibility-Vorschrift (zumindest in zeitlicher Hinsicht) nicht nach Plan. In der ursprünglichen Erstfassung der Richtlinie hat die Kommission noch folgenden Zeitplan vorgeschlagen:[228]

- Als Frist für die Inkraftsetzung der Rechts- und Verwaltungsvorschriften zur Umsetzung der Richtlinie war der 30. Juni 2014 vorgesehen.
- Die Umsetzung dieser Vorschriften war bis 31. Dezember 2015 geplant, nämlich »zur raschen Einlösung bestehender politischer Verpflichtungen«.[229]

Diese (doch beträchtliche) Verzögerung auf europäischer Ebene ist zum einen dem weiten Betroffenenkreis (siehe Kapitel 4.3 »Anwendungsbereich«) und der damit verbundenen Komplexität und der Vielzahl an Akteuren geschuldet, zum anderen den nachfolgend dargestellten Streitpunkten und dem Abwarten auf die Schaffung eines europäischen Standards.[230]

5.2 Gang der Verhandlungen und Abänderungen des Textes[231]

Nach einer ersten Präsentation des Richtlinienvorschlags und des dazugehörigen Impact Assessments (vorgestellt in Kapitel 4.1 »Ziele und Beweggründe«) im Jänner 2013, diskutierte die Gruppe »Telekommu-

---

228 Der Richtlinienvorschlag für die Erlassung einer E-AccessibilityRL (KOM (2012) 721 endg) stammt immerhin schon vom 3. 12. 2012!

229 Vorschlag für eine E-AccessibilityRL, 7.

230 Damit ist die EN 301 549 gemeint, vgl Kapitel 4.3 »Anwendungsbereich«.

231 Beides ist zu einem großen Teil aus Sachstandsberichten (Progress Reports) nachvollziehbar, von denen jedoch nicht alle der Öffentlichkeit zugänglich sind.

nikation und Informationsgesellschaft« (die sog TELE-Gruppe)[232] über den Vorschlag.[233]

Zusammenfassend wurden von den Mitgliedstaaten Zweifel gehegt, ob der Zeitpunkt für eine Beschlussfassung günstig sei (in Anbetracht der Schaffung des europäischen Standards EN 301 549, der zu diesem Zeitpunkt schon in Auftrag gegeben war) und die Schaffung einer E-AccessibilityRL Nutzen stiften würde – dies vor dem Hintergrund, dass 23 Mitgliedstaaten schon nationale Accessibility-Regelungen getroffen hätten (basierend auf ISO/IEC 40500:2012 bzw den WCAG 2.0).

Schon zu diesem Zeitpunkt wurde außerdem die auslegungsrelevante Frage aufgeworfen, ob die Richtlinie dahingehend zu verstehen sei, dass ausschließlich die darin genannten 12 Services oder die ganzen jeweiligen Websites barrierefrei zu gestalten seien. Dies wurde von der Kommission klar zugunsten der letzteren Option beantwortet.[234]

Weitere Streitpunkte waren der Umfang der Monitoringpflichten, die Umsetzungsfrist und die Kosten einer Umsetzung.

Im Mai 2014 wurde die Verzögerung vollständig sichtbar (vgl die Zeitfenster in Kapitel 5.1 »Ursprünglicher Zeitplan«). In einem Sachstandsbericht[235] wird erläutert, dass die Verhandlungen bis zur Schaffung eines europäischen Standards ausgesetzt worden sind.

Die Schaffung dieses Standards machte wiederum Anpassungen im Richtlinientext notwendig, weitere Änderungsvorschläge betrafen vor

---

232 Es handelt sich dabei um eine Ratsarbeitsgruppe (RAG).

233 Darüber wurde der Sachstandsbericht 10089/13 verfasst, der jedoch nur in englischer Sprache verfügbar ist. Vgl *Council of the European Union*, Nr 10089/13: Proposal for a Directive of the European Parliament and of the Council on the accessibility of public sector bodies' websites – Progress report <parlament.gv.at/PAKT/EU/XXIV/EU/11/57/EU_115715/imfname_10404423.pdf>.

234 Dieses Ergebnis geht mE mit dem System der RL konform, die stets von (ganzen) Webseiten ausgeht. Gegen eine Umsetzung, in der eine einzige, barrierefrei ausgestaltete Webseite alle 12 Services anbieten würde, spräche demnach nichts.

235 *Council of the European Union*, Nr 10016/14: Proposal for a Directive of the European Parliament and of the Council on the accessibility of public sector bodies' websites – Progress report <parlament.gv.at/PAKT/EU/XXV/EU/02/68/EU_26828/imfname_10469775.pdf_N2uxrzsXJUrV2KAAfQ&bvm=bv.97653015,d.eXY>, 2 (22. 8. 2015).

allem die Ausdehnung des Anwendungsbereichs auf alle öffentlichen Webauftritte bis hin zur generellen Verpflichtung zur Barrierefreiheit – auch für private Webseiten und mobile Applikationen.[236]

Nach weiteren Beratungen der RAG wurde der ursprüngliche Richtlinienvorschlag in folgenden (Kern-)Bereichen abgeändert (vgl dazu den Sachstandsbericht vom November 2014[237]):

- Es sollten alle Webseiten öffentlicher Stellen, nicht nur die 12 »Kernbereiche« umfasst sein. Damit kann auch der Anhang, in der sie aufgelistet sind, zur Gänze entfallen. Es ist allerdings darauf hinzuweisen, dass Ausnahmen nötig sein werden, um auf spezielle Fälle eingehen zu können.

  Wichtig in diesem Zusammenhang ist, dass die Definition der »öffentlichen Stelle« (Art 2 Abs 8 E-AccessibilityRL) insoweit angepasst wird,[238] als sie auch für solche (an sich privaten) Stellen gilt, die
  - überwiegend vom Staat oder von Gebietskörperschaften finanziert werden,
  - zu dem besonderen Zweck gegründet worden sind, im Allgemeininteresse liegende Aufgaben nicht gewerblicher Art zu erfüllen und
  - Rechtspersönlichkeit haben.
- Webseiten (gänzlich) privater Stellen einer Verpflichtung zur Barrierefreiheit zu unterwerfen, steht nicht mehr zur Diskussion.

---

236 Gerade der Markt für mobile Applikationen wächst rapide, vgl *Erdey-Gruz*, Business impacts of web accessibility in the Austrian hotel sector (FN 32) 14; *Griffith/Rice/Springett*, Towards inclusive digital television, Universal Access in the Information Society 2012/12, 1ff. Entwicklungen in diesem Bereich machen auch vor der Verwaltung nicht Halt: »GovApps« – Aufbruch in die mobile Verwaltung <computerwoche.de/a/govapps-aufbruch-in-die-mobile-verwaltung,2527058> (22. 8. 2015).

237 *Rat der Europäischen Union*, Nr 15512/14: Vorschlag für eine Richtlinie des Europäischen Parlaments und des Rates über den barrierefreien Zugang zu Websites öffentlicher Stellen – Sachstandsbericht <parlament.gv.at/PAKT/EU/XXV/EU/04/60/EU_46068/imfname_10510050.pdf>, 4ff (22. 8. 2015).

238 Diese aktualisierte Definition lehnt sich an jene der »öffentlichen Stelle« aus der Verordnung (EU) Nr. 910/2014 (Verordnung über die elektronische Identifizierung) an und führt mit der Einbeziehung öffentlich bezuschusster Stellen zu einer beträchtlichen Ausweitung des Anwendungsbereichs.

- Art 5 Abs 3 des Vorschlags für eine E-AccessibilityRL kann entfallen, da mit der Schaffung eines europäischen Standards ein Rückgriff auf internationale Standards nicht mehr notwendig sein wird.[239]
- Ein neu eingefügter Art 1a soll ein »Comply-or-Explain-Modell« einführen.[240]
- Die Verpflichtung der fortlaufenden Überwachung wird zugunsten einer regelmäßigen ersetzt. Im Zusammenhang mit Abhilfemaßnahmen bei konkreten Beschwerden könnte dies ein eleganter und konsensfähiger Mittelweg zwischen quantitativer und qualitativer Überwachung bilden.
- Das Ergebnis der vorgeschriebenen Zusammenarbeit mit Branchenakteuren und der Zivilgesellschaft soll in Leitlinien der Kommission münden; dies statt den ursprünglich geplanten Durchführungsrechtsakten in Art 7 Abs 4.
- Art 8 und 9 des Vorschlags werden gestrichen (Ausübung der Befugnisübertragung und Ausschuss).
- Die Frist nach Art 10 Abs 1 des Vorschlags zur Umsetzung durch die Mitgliedstaaten wurde auf 24 Monate nach Inkrafttreten festgelegt.
- Berichtspflichten wurden von »jährlich« auf »alle X Jahre« (wird noch festgelegt) geändert, um diese Last für die Mitgliedstaaten abzumindern.

Das aktuellste Dokument, aus dem Änderungen nachvollzogen werden können, ist der Sachstandsbericht vom Mai 2015.[241] Hinsichtlich des Anwendungsbereichs wurde vorgeschlagen, bestimmte Inhalte wie archivierte Dokumente (wenn sie nicht im Web-Content aktiv eingebunden sind) und solche Inhalte, die nicht in Web-Formaten angezeigt werden, sowie Audio- und Videomaterial auszuschließen.[242]

---

239 Vgl dazu Kapitel 4.4.1.2 »Implementierung der Normen«.

240 Ein solches wird üblicherweise mit Corporate Governance in Verbindung gebracht, wo Unternehmen, die sich nicht einer Vorgabe gemäß verhalten, ihr nonkonformes Verhalten erklären müssen.

241 *Rat der Europäischen Union,* Nr 8977/15: Vorschlag für eine Richtlinie des Europäischen Parlaments und des Rates über den barrierefreien Zugang zu Websites öffentlicher Stellen – Sachstandsbericht <parlament.gv.at/PAKT/EU/XXV/EU/06/77/EU_67779/imfname_10554884.pdf> (22. 8. 2015).

242 Ein Bewusstsein für die Notwendigkeit einer genauen Definition des An-

Unsicher ist man zum gegenwärtigen Zeitpunkt noch, ob etwa folgende Inhalte unter den Anwendungsbereich fallen sollen oder mittels einer Ausnahmebestimmung aus diesem herausgenommen werden sollten:

- Digitale Sammlungen im Bereich Kultur und soziale Medien;
- Inhalte Dritter, die in Websites öffentlicher Stellen eingebettet sind;
- Geografische Dienste;
- Infografiken;
- Websites kleiner Organisationen, sowie
- Websites mit weniger als einer bestimmten Anzahl von Aufrufen pro Tag/Jahr.

Weitere Änderungen für den Anwendungsbereich ergeben sich aus der Änderung des Begriffs der »öffentlichen Stelle«. Zur Eingrenzung desselben wurde der Bezug auf »Körperschaften oder Einrichtungen des öffentlichen Rechts« gestrichen. Diese komplexen Abänderungen sollen nachfolgend kurz dargestellt werden:

Definition der Erstfassung des Vorschlags für eine E-AccessibilityRL, Art 2 Abs 8 lautet:
»öffentliche Stellen«: *der Staat, die Gebietskörperschaften, die Einrichtungen des öffentlichen Rechts im Sinne der Definition in Artikel 1 Absatz 9 der Richtlinie 2004/18/EG und die Verbände, die aus einer oder mehreren solcher Körperschaften oder Einrichtungen des öffentlichen Rechts bestehen.*
Eine eigenständige Definition der »Einrichtung öffentlichen Rechts« gibt es nicht.

Die entsprechende Definition aus RL 2004/18/EG lautet:
Art 1 Abs 9:
[...]
Als »Einrichtung des öffentlichen Rechts« gilt jede Einrichtung, die
a) zu dem besonderen Zweck gegründet wurde, im Allgemeininteresse liegende Aufgaben nicht gewerblicher Art zu erfüllen,
b) Rechtspersönlichkeit besitzt und
c) überwiegend vom Staat, von Gebietskörperschaften oder von anderen Einrichtungen des öffentlichen Rechts finanziert wird, hinsichtlich ihrer Leitung

---

wendungsbereiches scheint nach dem in FN 240 zitierten Sachstandsbericht jedenfalls gegeben zu sein.

der Aufsicht durch Letztere unterliegt oder deren Verwaltungs-, Leitungs- oder Aufsichtsorgan mehrheitlich aus Mitgliedern besteht, die vom Staat, von den Gebietskörperschaften oder von anderen Einrichtungen des öffentlichen Rechts ernannt worden sind.

Im Sachstandsbericht Nr 15512/14 vom November 2014 dokumentierte Änderungen:
Der Begriff der öffentlichen Einrichtung wird unter Abstützung auf die RL 2014/24/EU neu gefasst. Art 2 Abs 1 Z 4 leg cit lautet:
4. »Einrichtungen des öffentlichen Rechts« [sind] Einrichtungen mit sämtlichen der folgenden Merkmale:
a) Sie wurden zu dem besonderen Zweck gegründet, im Allgemeininteresse liegende Aufgaben nicht gewerblicher Art zu erfüllen,
b) sie besitzen Rechtspersönlichkeit und
c) sie werden überwiegend vom Staat, von Gebietskörperschaften oder von anderen Einrichtungen des öffentlichen Rechts finanziert oder unterstehen hinsichtlich ihrer Leitung der Aufsicht dieser Gebietskörperschaften oder Einrichtungen, oder sie haben ein Verwaltungs-, Leitungs- beziehungsweise Aufsichtsorgan, das mehrheitlich aus Mitgliedern besteht, die vom Staat, von Gebietskörperschaften oder von anderen Einrichtungen des öffentlichen Rechts ernannt worden sind;«

Im Sachstandsbericht Nr 8977/15 vom Mai 2015 wird festgehalten, dass hinsichtlich des Anwendungsbereichs zur Eingrenzung desselben der Bezug auf »Körperschaften oder Einrichtungen des öffentlichen Rechts« gestrichen werden soll.

In Art 1 soll nun ausdrücklich auf das Verhältnis zur RL 2010/13/EG über audiovisuelle Mediendienste eingegangen werden.

Aus dem letzten und hochaktuellen Sachstandsbericht[243] lässt sich ablesen, dass der Anwendungsbereich weiter verkleinert wurde, so sollen Sendeunternehmen und Nichtregierungsorganisationen explizit ausgenommen werden, die ansonsten unter die gefasste Definition ei-

---

243 *Rat der Europäischen Union,* Nr 14164/15: Vorschlag für eine Richtlinie des Europäischen Parlaments und des Rates über den barrierefreien Zugang zu Websites öffentlicher Stellen – Sachstandsbericht <parlament.gv.at/PAKT/EU/XXV/EU/08/51/EU_85131/imfname_10591382.pdf>

ner öffentlichen Stelle hätten fallen können. Eine in anderen Gleichstellungsregelungen oftmals enthaltene Bestimmung, dass die Umsetzung von Maßnahmen dem Verpflichteten gegenüber nicht unverhältnismäßig oder unbillig sein darf, soll aufgenommen werden. Daneben soll ein Feedback-Mechanismus implementiert werden, der es Benutzern erlauben soll, Rückmeldungen über die Zugänglichkeit an die Verantwortlichen abzusetzen.

Laut Plan konnte der Trilog über den Entwurf unter niederländischem Vorsitz Anfang 2016 starten.

6. Umsetzung

Das Unionsrecht verlangt die Umsetzung erlassener Richtlinien in das innerstaatliche Recht. Demzufolge wird auch die E-Accessibility-RL binnen der vorgegebenen Frist umzusetzen sein, um nicht ein Vertragsverletzungsverfahren zu riskieren.[244] Des Weiteren verlangen die UN-BRK und das österreichische Verfassungsrecht die Umsetzung von Barrierefreiheit.

6.1 Notwendigkeit

Schon im Jahr 2004 ergab ein Bericht der Österreichischen Akademie der Wissenschaften im Auftrag des BKA, dass die Konformitätsstufe A weitgehend umgesetzt sei, und vereinzelt schon höhere erreicht werden.[245] Im Bundesbereich betrage der entsprechende Erfüllungsgrad 94% (WCAG 1.0 Priorität A).[246, 247] Zwei Drittel der Nutzer würden positive Anerkennung für die barrierefreie Gestaltung des Webauftritts der Stadt Wien aussprechen, die Verständlichkeit werde als besonders positiv beurteilt.[248] Warum also Barrierefreiheit weiter ausbauen, wenn

---

244 *Thiele*, Europarecht (FN 175) 113.

245 *Aichholzer/Spitzenberger*, E-Government in Österreich: Entwicklungsstand, Nutzung und Modellprojekte Bericht 1: Stand des Dienstangebots (2004) 79.

246 *oA*, Zugängliche, behördliche Internetangebote <digitales.oesterreich.gv.at/DocView.axd?CobId=28747> (22. 8. 2015).

247 Dieser (Spitzen-)Wert wird aus heutiger Sicht anders zu beurteilen sein, da ihm noch die Erfüllung der Anforderungen der WCAG 1.0 zugrundegelegt wurde. Unter dem strengerem Regime der WCAG 2.0 wäre er zum damaligen Zeitpunkt vermutlich geringer ausgefallen. Ähnlich hohe Werte vor Schaffung der WCAG 2.0 wies etwa Tschechien auf: *Cejna/Kopackova/Michalek,* Accessibility and findability of local e-government websites in the Czech Republic, Universal Access in the Information Society 2010/9, 51ff.

248 *Aichholzer/Spitzenberger*, E-Government in Österreich: Entwicklungs-

doch schon vor Jahren alle diesbezüglichen Hausaufgaben gemacht wurden? Tatsächlich gibt es mit der »Monitoring eAccessibility in Europe«-Studie umfassende Ergebnisse auf europäischer Ebene, die ein anderes Bild zeichnen.[249] Weiters wird etwa in der Europäischen Strategie zugunsten von Menschen mit Behinderungen 2010–2020 darauf verwiesen, dass »*lediglich 5 % der öffentlichen Internetseiten voll und ganz den Standards für die Barrierefreiheit im Netz* [entsprechen], *auch wenn ein größerer Prozentsatz der Seiten zum Teil zugänglich ist*«.[250] Vor diesem Hintergrund scheint also durchaus Handlungsbedarf auf mitgliedstaatlicher Ebene gegeben zu sein, was auch für Österreich einen solchen notwendig erscheinen lässt.

6.2 Umsetzungskompetenzen und -möglichkeiten

Wie oben ausgeführt, existiert ein eigener Kompetenztatbestand »E-Government« nicht, ebenso wenig wie »Barrierefreiheit« oder »Behindertenwesen« (vgl Kapitel 2.1.3.1 »Kompetenztatbestände«). Daraus ergeben sich drei Möglichkeiten, die EAccessibilityRL in das österreichische Gefüge der Rechtsordnung zu integrieren.

Zum Ersten stünde die Möglichkeit zur Verfügung, eine Verfassungsbestimmung zu erlassen – entweder direkt im zu erlassenden Materiengesetz oder durch Aufnahme einer Kompetenzregelung in den entsprechenden Teil des B-VG. Da grundsätzlich die (Bundes-)Verfassung die Verteilung der Kompetenzen zwischen Bund und Ländern regelt, könnte eine Festlegung, wonach etwa E-Accessibility in Gesetzgebung und Vollziehung in die Kompetenz des Bundes fiele, das bestehende Verteilungssystem »aushebeln«.[251]

---

stand, Nutzung und Modellprojekte Bericht 3: Modellprojekte (2005) 51.

249 Siehe <eaccessibility-monitoring.eu> (22.08.2015), wonach etwa ein Drittel der Webauftritte den Vorgaben entsprechen.

250 Mitteilung der Kommission an das Europäische Parlament, den Rat, den Europäischen Wirtschafts- und Sozialausschuss und den Ausschuss der Regionen. Europäische Strategie zugunsten von Menschen mit Behinderungen 2010-2020: Erneuertes Engagement für ein barrierefreies Europa, KOM(2010) 636 endg, 5.

251 Verfassungsrecht kann schließlich nicht gleichrangigem Verfassungsrecht widersprechen.

Die zu einer solchen Beschlussfassung erforderlichen Präsenz- und Konsensquoren setzen allerdings einen starken gemeinsamen politischen Willen der im Parlament vertretenen Parteien voraus, der regelmäßig nicht gegeben ist. Aus diesem Grund wird diese Umsetzungsvariante als wenig wahrscheinlich angesehen, auch wenn sie einige Vorteile gegenüber den nachfolgend dargestellten böte.[252]

Als zweiter Ansatz soll kurz auf eine sog »9+1-Lösung« eingegangen werden. In einer solchen werden als Umsetzungsmaßnahme ein Bundesgesetz und neun Landesgesetze geschaffen. Dabei wird am Kompetenzgefüge nichts verändert. Das zu erlassende Bundesgesetz kann also nur solche Bereiche umfassen, die auch in die Gesetzgebungskompetenz des Bundes fallen; gleiches gilt für die Länder in Bezug auf die Schaffung von Landesgesetzen – diese dürfen nur solche Bereiche regeln, die in die Kompetenz der Länder fallen. Dadurch entsteht zwar ein höherer Aufwand, die Umsetzungswahrscheinlichkeit ist jedoch bei dieser Variante am höchsten.

Als dritte Möglichkeit sei der Vollständigkeit halber noch der Abschluss einer Vereinbarung nach Art 15a B-VG zwischen dem Bund und den Ländern über die Umsetzung der Richtlinienbestimmungen genannt.[253] Für eine solche Vereinbarung zwischen Bund und Ländern gelten die Regeln über völkerrechtliche Verträge, es tritt auch jeder Vertragspartner als Völkerrechtssubjekt auf.[254] Die Vertragsparteien müssten übereinkommen, den Zugang zu Verwaltungsinformationen im Anwendungsbereich der E-AccessibilityRL zu regeln, dies auf unbestimmte Zeit. Diese Variante wird zur Umsetzung ungeeignet sein, vor allem wegen der notwendigen Konstruktion als Vertrag und der damit verbundenen Probleme (Kündigungsmöglichkeiten, Unsicherheiten bei der Aktualisierung bei Änderung europarechtlicher Vorgaben etc).

---

252 Hier wären etwa weniger Aufwand für Koordinierungsmaßnahmen und Umsetzungskosten in geringerem Umfang zu nennen.

253 Diese Variante wurde beispielsweise bei der Umsetzung der Transparenzdatenbank gewählt.

254 Siehe Art 15a Abs 3 B-VG.

6.3 Ausgestaltung und Ausblick

In der inhaltlichen Umsetzung wird man sich nicht nur am Wortlaut der Richtlinie orientieren können. Vor dem Hintergrund, dass diese gerade die schleppende Umsetzung der UN-BRK unterstützen soll, werden auch deren Wertungen einzubeziehen sein.

Ein beträchtlicher Aufwand wird mit der Frage einhergehen, welche Stellen überhaupt zur Einhaltung der Accessibility-Vorschriften verpflichtet sind und welche Inhalte auf deren Webauftritten davon betroffen sind. Insbesondere die Notwendigkeit der Schaffung eines Regimes für Konsultationsmechanismen und der Veröffentlichung von diesbezüglichen Informationen werden weiteren Aufwand erzeugen, von den Überwachungs- und Berichtspflichten gar nicht zu reden.

Derzeit wird davon ausgegangen, dass ab 2016 in den Trilog eingetreten werden kann und die Schaffung einer E-AccessibilityRL entsprechend rasch vollzogen werden kann.

6.4 Forderung – Herausforderung

Geht man davon aus, dass Kommunikationsfreiheit letzten Endes auf den freien Austausch von Wissen, von Information und Meinungen gerichtet ist, dann kann man daraus auch konsequent den Schluss ziehen, dass der Staat, so er mündige Bürger will, auch den Zugang zu diesen sicherstellen muss. Dies tut er zwar auf vielfältige Weise, die Frage, ob ein bereitgestellter (und möglicherweise sogar [grund-]rechtlich geschützter) Zugang auch tatsächlich allen offensteht, wird nur oft gar nicht gestellt.

Zumindest in den Materialien sollte auf den Menschen als Ziel und Adressat eingegangen werden und nicht, wie in den EU-Papieren, nur der Markt und das Wirtschaftswachstum hervorgekehrt werden. In einer modernen Inklusionsgesellschaft, die sich auch sonst bemüht, sich stets den Schutz von Schwächeren auf die Fahnen zu heften, erscheint dies als ein notwendiges Zeichen.

Selbstverständlich dürfen aus Accessibility-Erwägungen nicht andere Aspekte wie die Online-Sicherheit[255] vernachlässigt werden, son-

---

255 Vgl die Kritik in *Balthasar/Müller-Török/Prosser*, eParticipation in the Field of Administrative Law: An Austrian Initiative to Meet European Chal-

dern es muss ein gangbarer Weg gefunden werden, der alle notwendigen Maßnahmen beinhaltet. Dies erlangt umso mehr Bedeutung, als die elektronische Verwaltung auf absehbare Zeit der »normale« Verwaltungsweg sein wird.[256]

Einen solchen Weg in die öffentliche Wahrnehmung zu rücken, wird Aufgabe der Verwaltung, des Bildungswesens,[257, 258, 259] aber auch des dritten Sektors sein. Dazu wird es spezifischer Vorgaben auf gesamteuropäischer Ebene bedürfen, die hinreichend konkret und in Einklang mit den Leitinitiativen »Digitale Agenda« und »Innovationsunion« sein werden müssen.

---

lenges, in Kettemann (Hrsg), European Yearbook on Human Rights 2011 (2011) 335 (340).

256 Vgl *Haider,* Umsetzung von E-Government Ziele der EU-Initiative i2010, RFG 2007/46, 185 (191).

257 Diese Notwendigkeit wurde seitens der Kommission erkannt, vgl dazu die Mitteilung der Kommission an das Europäische Parlament, den Rat, den Europäischen Wirtschafts- und Sozialausschuss und den Ausschuss der Regionen. Europäische Strategie zugunsten von Menschen mit Behinderungen 2010-2020: Erneuertes Engagement für ein barrierefreies Europa, KOM (2010) 636 endg, 5.

258 Zur Frage der Integration von Barrierefreiheit in den Informatikunterricht vgl *Hagelkruys*, Barrierefreiheit als Thematik im österreichischen Informatikunterricht (2012).

259 Zum aktuellen Stand an der Universität, an der auch diese Arbeit verfasst wird, vgl *Höglinger,* Barrierefreiheit von Informations- und Kommunikationstechnologien für Menschen mit Behinderungen (2012).

7. Zusammenfassung

Wie oben dargestellt, ergibt sich die Notwendigkeit einer barrierefreien Gestaltung von Zugängen zu Web-Angeboten der öffentlichen Verwaltung nicht bloß aus der kommenden E-AccessibilityRL. Das österreichische und das internationale Recht geben bereits einige diesbezügliche Regelungen vor.

Mit den WCAG 2.0 gibt es eine bewährte und stabile Grundlage für die Implementierung von Barrierefreiheit, die schon in zahlreiche Rechtsordnungen Einzug gehalten hat.

Die Schaffung einheitlicher Vorgaben auf europäischer Ebene ist eine konsequente Weiterentwicklung und Determinierung von grundlegenden Rechten.

Letztlich ist aber der Nutzen für alle ausschlaggebend, der das Vertrauen in eine Verwaltung fördert, die alle ihre »Kunden« einbindet und damit durchaus als Vorbild für zukünftige Entwicklungen in diesem wichtigen Bereich sein kann.

Judikaturverzeichnis

EGMR 21. 1. 1999, 29183/95, Fressoz u. Noire/Frankreich
EGMR 19. 2. 1998, 14.967, Z 53, Guerra ua
EuGH 28. 6. 1994, C-187/93 Parlament/Rat, Slg 1994, I-2857
EuGH 9. 10. 2001, EuGH C-377/98, Königreich der Niederlande gegen Europäisches Parlament und Rat der Europäischen Union
VfGH 16. 3. 1987, B 154/85 = VfSlg 11.297/1987
VfGH 3. 10. 1991, B4/91 = VfSlg 12.838/1991

Verzeichnis der Gesetzesmaterialien

AB 785 BlgNR XX. GP
RV 252 BlgNR XXII. GP
RV 836 BlgNR XXII. GP
564 BlgNR XXIII. GP

Literaturverzeichnis

»GovApps« – Aufbruch in die mobile Verwaltung <computerwoche.de/a/govapps-aufbruch-in-die-mobile-verwaltung,2527058>.

Aichholzer/Spitzenberger, E-Government in Österreich: Entwicklungsstand, Nutzung und Modellprojekte Bericht 1: Stand des Dienstangebots (2004).

Aichholzer/Spitzenberger, E-Government in Österreich: Entwicklungsstand, Nutzung und Modellprojekte Bericht 3: Modellprojekte (2005)

Algermissen/Dermann/Niehaves, Barrierefreiheit für Webseiten von Bund, Ländern und Gemeinden, Wirtschaftsinformatik 2005/47, 378.

Balthasar/Müller-Török/Prosser, eParticipation in the Field of Administrative Law: An Austrian Initiative to Meet European Challenges, in Kettemann (Hrsg.), European Yearbook on Human Rights 2011 (2011) 335.

Baranauskas/Bonacin/Melo/Simoni, Accessibility and interoperability in e-government systems: outlining an inclusive development process, Universal Access in the Information Society 2010/9, 17.

Barotanyi ua, Behörden im Netz. Das österreichische E-Government ABC <digitales.oesterreich.gv.at/DocView.axd?CobId=43072>

Berka, Die Grundrechte (1999).

Bernasconi, Barrierefreies Internet für Menschen mit geistiger Behinderung. Eine experimentelle Pilotstudie zu technischen Voraussetzungen und partizipativen Auswirkungen., Dissertation (2007).

Bertel, Informationsfreiheit statt Amtsgeheimnis? Art 22a B-VG neu auf dem Prüfstand, JRP 2014/3, 203.

Bigham/Cavender, Toward web accessibility for older users, Universal Access in the Information Society 2011/10, 357.

Blanck, The struggle for web eQuality by persons with cognitive disabilities, Behavioral sciences & the law 2014/1, 4.

Blat/Sayago, An ethnographical study of the accessibility barriers in the everyday interactions of older people with the web, Universal Access in the Information Society 2011/10, 359.

Borchardt, Die rechtlichen Grundlagen der Europäischen Union[4] (2010).

Born, Computer trotz Handicap (2009).

Bradbard/Peters, Web accessibility theory and practice: An introduction for university faculty, Journal of Educators Online 2010/8 (2), 206.

Brajnik/Harper/Yesilada, Web accessibility guideline aggregation for older users and its validation, Universal Access in the Information Society 2011/10, 403.

Brajnik/Harper/Yesilada/Vigo, Exploring perceptions of web accessibility: a survey approach, Behaviour & Information Technology 2015/35 (2), 119.

Braun, Websites für alle, c't - Magazin für Computertechnik 2010/3, 168

Brophy/Craven, Web accessibility, Library Trends 2007/4, 950.

Buchinger, Rechtliche Instrumente zur Durchsetzung von Barrierefreiheit: Erfahrungen aus Österreich, in Welti (Hrsg.), Rechtliche Instrumente zur Durchsetzung von Barrierefreiheit (2013).

Cejna/Kopackova/Michalek, Accessibility and findability of local e-government websites in the Czech Republic, Universal Access in the Information Society 2010/9, 51.

Chen/Harper, Web accessibility guidelines, World Wide Web 2012/15, 61

Colosio/Fogli/Sacco, Managing accessibility in local e-government websites through end-user development: a case study, Universal Access in the Information Society 2010/9, 35.

Council of the European Union, Nr 10016/14: Proposal for a Directive of the European Parliament and of the Council on the accessibility of public sector bodies' websites – Progress report <parlament.gv.at/PAKT/EU/XXV/EU/02/68/EU_26828/imfname_10469775.pdf_N2uxrzsXJUrV2KAafQ&bvm=bv.97653015,d.eXY>.

Council of the European Union, Nr 10089/13: Proposal for a Directive of the European Parliament and of the Council on the accessibility of public sector bodies' websites – Progress report <parlament.gv.at/PAKT/EU/XXIV/EU/11/57/EU_115715/imfname_10404423.pdf>.

Cryan, Understanding Web Accessibility from the User's Perspective, Social Advocacy and Systems Change Journal 2012/3(1), 69.

Dag/Dagfinn, Validating WCAG versions 1.0 and 2.0 through usability testing with disabled users, Universal Access in the Information Society 2012/11, 375.

Dudenhöffer/Meyen, Digitale Spaltung im Zeitalter der Sättigung, Publizistik 2012/1, 7.

Eberhard, e-Verwaltungsverfahrensrecht, JRP 2002, 110.

Edelhofer/Schrittwieser, Österreich online. Eine Übersicht über das E-Government-Angebot 2008 <digitales.oesterreich.gv.at/DocView.axd?CobId=33163>.

Eibl ua, Rahmenbedingungen für Open Government Data Plattformen <ref.gv.at/uploads/media/OGD-1-1-0_20120730.pdf>.

Eibl/Wagner-Leimbach, Erhebung Barrierefreiheit 2007 <digitales.oesterreich.gv.at/DocView.axd?CobId=24558>.

Elliman/Fernando/Lines/Money, e-Government online forms: design guidelines for older adults in Europe, Universal Access in the Information Society 2011/10, 1.

Erdey-Gruz, Business impacts of web accessibility in the Austrian hotel sector, Magisterarbeit (2008).

Europäische Kommission, eEurope 2002. An Information Society For All.

European Standardization Organzations, PRESS RELEASE 19 February 2014: New European Standard on accessibility requirements for public procurement of ICT products and services <ftp.cencenelec.eu/EN/News/PR/PR-2014-03.pdf>.

Feik, Der räumliche und persönliche Geltungsbereich der Grundrechte in der Judikatur des VfGH, ZÖR 1999, 19ff.

Feik, Zugang zu Verwaltungswissen, ZfV 2006/2, 187.

Feik, Öffentliche Verwaltungskommunikation (2007).

Feik/Randl, E-Government, in Jahnel/Mader/Staudegger (Hrsg.), IT-Recht³ (2012).

Feiler, Datenschutz als Hemmschuh und Wegbereiter für das Grundrecht auf Zugang zu amtlichen Informationen, in Jahnel (Hrsg.), Datenschutzrecht. Jahrbuch 2014 (2014) 55.

Ferreira/Goncalves/Martins/Pereira/Oliveira, Enterprise Web Accessibility Levels Amongst the Forbes 250: Where Art Thou O Virtuous Leader?, Journal of Business Ethics 2013/113, 363.

Frenz, Handbuch Europarecht, Europäische Grundrechte (2009)

Gamper, Staat und Verfassung³ (2014).

Ganner, Barrierefreies Wohnen im Sinne des Bundes- Behindertengleichstellungsgesetzes und der UN-Behindertenrechtskonvention, immolex 2014, 278.

Geven/Hoeller/Leitner/Subasi/Tscheligi, Designing accessible experiences for older users: user requirement analysis for a railway ticketing portal, Universal Access in the Information Society 2011/10, 391.

Gleich, Digital Divide: Führen Internet und Digitales Fernsehen zu einer neuen Wissenskluft?, Media Perspektiven 2004/5, 233.

Griffith/Rice/Springett, Towards inclusive digital television, Universal Access in the Information Society 2012/12, 1.

Hagelkruys, Barrierefreiheit als Thematik im österreichischen Informatikunterricht, Diplomarbeit (2012).

Haider, Umsetzung von E-Government Ziele der EU-Initiative i2010, RFG 2007/46, 185.

Hartjes/Strauss, Analyzing effects of web accessibility – A framework to determine changes in website traffic and success, Lecture Notes in Computer Science 2010/6179(1), 449.

Heissl (Hrsg.), Handbuch Menschenrechte (2009).

Hellbusch/Probiesch, Barrierefreiheit verstehen und umsetzen (2011).

Hengstschläger/Leeb, Grundrechte[2] (2013).

Heselhaus, § 57 Recht auf eine gute Verwaltung, in Heselhaus/Nowak (Hrsg.), Handbuch der Europäischen Grundrechte (2006) 1553.

Höglinger, Barrierefreiheit von Informations- und Kommunikationstechnologien für Menschen mit Behinderungen, Masterarbeit (2012).

Holoubek, Kommunikationsfreiheit, in Merten/Papier/Kucsko-Stadlmayer (Hrsg.), Handbuch der Grundrechte[2] (2014).

Ibrahim/Seifi, Assessing the Accessibility of Health Web Sites During the H1N1 Pandemic, Journal of Consumer Health on the Internet 2014/18, 211.

Kerkmann, Web accessibility, Informatik-Spektrum 2013/36 (5), 455.

Kruse, Erfahrungen bei der Verhandlung von Zielvereinbarungen, in Welti (Hrsg.), Rechtliche Instrumente zur Durchsetzung von Barrierefreiheit (2013) 35.

Kuhlen, Informationsethik (2004).

Kuhlen/Dohle, Virtual reality for physically disabled people, Computers in Biology and Medicine 1995/2, 205.

Li/Yen/Lu/Lin, Migrating from WCAG 1.0 to WCAG 2.0, Computers in Human Behavior 2012/28, 87.

Lucke/Reinermann, Speyerer Definition von Electronic Government (2000).

Martínez/Pluke, Mandate M 376: New Software Accessibility Requirements, Procedia Computer Science 2014, 271.

Mehrhoff, Behindertenrechtskonvention in der sozialen Sicherheit – Pflicht oder Kür?, SozSi 2014, 82.

Meyer-Ladewig, Europäische Menschenrechtskonvention[2] (2006).

oA, Zugängliche, behördliche Internetangebote <digitales.oesterreich.gv.at/DocView.axd?CobId=28747>.

oA, Standards der Öffentlichkeitsbeteiligung – Empfehlungen für die gute Praxis <partizipation.at/fileadmin/media_data/Downloads/Standards_OeB/standards_der_oeffentlichkeitsbeteiligung_2008_druck.pdf>.

oA, Nationaler Aktionsplan Behinderung 2012 – 2020 <sozialministerium.at/site/Soziales/Menschen_mit_Behinderungen/Nationaler_Aktionsplan_Behinderung_2012_2020/>.

Oebel, »Blendfreundlichkeit“ im Deutschen, Englischen und Japanischen, Dialectologia et Geolinguistica 2005/13, 63.

Öhlinger/Eberhard, Verfassungsrecht[10] (2014).

Pearce/Rice, Digital Divides From Access to Activities: Comparing Mobile and Personal Computer Internet Users, J Commun 2013/4, 721

Punz, Barrierefrei ins Internet: Auch Private in der Pflicht, Die Presse Rechtspanorama 19. 6. 2007.

Radtke/Charlier, Barrierefreies Webdesign (2006).

Rat der Europäischen Union, Nr 15512/14: Vorschlag für eine Richtlinie des Europäischen Parlaments und des Rates über den barrierefreien Zugang zu Websites öffentlicher Stellen – Sachstandsbericht <parlament.gv.at/PAKT/EU/XXV/EU/04/60/EU_46068/imfname_10510050.pdf>.

Rat der Europäischen Union, Nr 8977/15: Vorschlag für eine Richtlinie des Europäischen Parlaments und des Rates über den barrierefreien Zugang zu Websites öffentlicher Stellen – Sachstandsbericht <parlament.gv.at/PAKT/EU/XXV/EU/06/77/EU_67779/imfname_10554884.pdf>.

Rat der Europäischen Union, Nr 14164/15: Vorschlag für eine Richtlinie des Europäischen Parlaments und des Rates über den barrierefreien Zugang zu Websites öffentlicher Stellen – Sachstandsbericht <parlament.gv.at/PAKT/EU/XXV/EU/08/51/EU_85131/imfname_10591382.pdf>.

Riedler, Zivilrecht I[5] (2010).

Schober/Sprajcer/Horak/Klein/Djukic/Sorat/Pfeil/Mayer, Evaluierung des Behindertengleichstellungsrechts (2012).

Schoen, Behinderte erleben das Web ohne Flackern und Blinken Rechtliche Grundlagen der Barrierefreiheit im Internet, Betriebswirtschaftliche Blätter 2005/10, 568.

Schuster, Barrierefreies Webdesign (2011).

Schwartz, Öffentlicher E-Content und Verfassungsrecht, ecolex 2001, 709.

Stadlmeier, Völkerrecht I[7] (2013).

Thiele, Europarecht[11] (2013).

Tichenor/Donohue/Olien, Mass media flow and differential growth in knowledge, Public Opinion Quarterly 1970/34(2), 159.

Trauner, E-Government, Habilitation (2005).

Trauner, E-Government, in Holzinger/Oberndorfer/Raschauer B. (Hrsg.), Österreichische Verwaltungslehre[2] (2006) 267.

Tretter, Übersicht zur Rechtsprechung der Höchstgerichte, in Ermacora/Nowak/Tretter (Hrsg.), Die Europäische Menschenrechtskonvention in der Rechtsprechung der österreichischen Höchstgerichte (1983).

Tretter, Zur Freiheit der Informationsbeschaffung. Eine Besprechung des Erkenntnisses VfGH 16. 3. 1987, B 154/85, MR 1987/2, 84.

Weist, Accessibility – barrierefreies Internet (2004).

Welti, Barrierefreiheit als Rechtsbegriff, in Welti (Hrsg.), Rechtliche Instrumente zur Durchsetzung von Barrierefreiheit (2013) 23.

Willig, Rechtliche Instrumente zur Durchsetzung von Barrierefreiheit, in Welti (Hrsg.), Rechtliche Instrumente zur Durchsetzung von Barrierefreiheit (2013) 7.

Wöhrleitner, Barrierefreies Internet, Magisterarbeit (2011).

Mag. Manuel Reiter, LL.M., seit 2007 in verschiedenen Funktionen im Bundesministerium für Landesverteidigung und Sport beschäftigt, 2016 Wechsel in den niederösterreichischen Landesdienst. Studium der Rechtswissenschaften an der Johannes-Kepler-Universität Linz, 2015 Abschluss des postgradualen Lehrgangs ›Informations- und Medienrecht‹ an der Universität Wien.